PSICOTERAPIA PARA LOS TRASTORNOS Y ALTERACIONES DE LA PERSONALIDAD:

GUÍAS ESQUEMATIZADAS PARA PROFESIONALES

PSICOTERAPIA PARA LOS TRASTORNOS Y ALTERACIONES DE LA PERSONALIDAD:

GUÍAS ESQUEMATIZADAS PARA PROFESIONALES

Andrés Fernando López Pell

Juan Manuel Rondón

Silvina María Alfano

Cecilia Cellerino

Librería **AKADIA** *Editorial*

López Pell, Andrés
Psicoterapia para los trastornos y alteraciones de la personalidad. - 1a ed. - Buenos Aires : Librería Akadia Editorial, 2013.
110 p. ; 29x21 cm.

ISBN: 978-987-570-216-5

1. Psicología. I. Título
CDD 150

ISBN: 978-987-570-216-5

Paraguay 2078 (1121) Buenos Aires, Argentina
Paraguay 2065 (1121) Buenos Aires, Argentina
E-mail: editorialakadia@gmail.com
http://www.editorialakadia.com.ar

Hecho el depósito que marca la ley 11.723
Impreso en Argentina. Printed in Argentina

RESUMEN DEL CONTENIDO DEL LIBRO:

Actualmente el movimiento de Psicoterapia con fundamento empírico impulsa fuertemente la manualización y protocolarización de los tratamientos psicoterapéuticos. Esto se ve claramente en los desarrollos que ha hecho desde su creación en 1993 la 'División 12' (Clinical Psychology) de la American Psychological Association (APA). La misma es un grupo de trabajo sobre promoción y difusión de los tratamientos psicológicos (Task Force on Promotion and Dissemination of Psychological Procedures).

En una de sus comunicaciones la División 12 recomendaba claramente la manualización partiendo de libros como el de Beck, Rush, Shaw y Emery (1979) 'Cognitive therapy of depression. A treatment manual', en el cual aparece el tratamiento de la depre sión claramente descripto entendiéndolo como una forma de lograr un tratamiento manualizado. Desde esta recomendación han proliferado una cantidad importante de tratamientos manualizados, incluso con el detalle de las acciones a realizar sesión por sesión, para determinados trastornos específicos. Ejemplos de estos son los manuales de tratamiento de los Trastornos obsesivo compulsivo, de angustia, depresión mayor, etc. Es más, hasta hay bastantes datos empíricos que demostrarían que los psicoterapeutas que más se adhieren al protocolo mejores resultados obtienen.

Cuando se trata de práctica manualizada la psicoterapia para los trastornos y alteraciones de la personalidad no se encuentra a la vanguardia. Si bien existen libros de cabecera -Beck, Freeman, Davis y otros (2005) 'Terapia cognitiva de los trastornos de personalidad', el de Millon y Davis (1998) 'Trastornos de la personalidad. Más allá del DSM-IV' o el de Young, Klosko y Weishaar (2003) 'Schema Therapy. A Practitioner's Guide'-, todavía no ha alcanzado un grado de protocololarización tan específico como para describir las intervenciones para cada sesión. Esta puede que sea una la las tantas razones del por qué a los psicoterapeutas les cueste más seguir las pautas descriptas en estos textos para el abordaje de las alteraciones de la Personalidad.

Los autores de este libro hemos conformado un equipo de inves-tigación que en los últimos años se ha dedicado a la optimización de la psicoterapia. En busca de enfrentar la problemática planteada en párrafos anteriores hemos diseñado unas 'Guías esquematizadas para profesionales' con la intensión de mejorar la práctica de la psicoterapia para los trastornos y alteraciones de la personalidad. Estas guías fueron realizadas en una carilla cada una con la idea de que los psicoterapeutas las tengan a la vista durante las sesiones y que de esta manera puedan conceptualizar sus casos y guiar más fácilmente sus intervenciones en estos tratamientos.

Se han realizado guías esquematizadas para cada alteración para los principales modelos de abordaje de los desórdenes de la personalidad como los de Aaron Beck, Theodore Millon y Jeffrey Young. De cada modelo se presentan los conceptos centrales que deben guiar la praxis de manera fácil y comprensible con el fin de facilitar la transferencia del conocimiento al set psicoterapéutico.

ÍNDICE

1º CAPÍTULO

Abordaje terapéutico para los Trastornos de la personalidad desde el modelo de Aaron T. Beck

INTRODUCCIÓN

Ante la aparición de protocolos psicoterapéuticos manualizados cada vez más específicos los clínicos se ven ante el problema de ajustar lo descripto en los manuales a las particularidades de cada caso. Es por esto que en este capítulo se propone un esquema conceptual a fin de facilitar la transferencia de los procedimientos descriptos en los manuales a la práctica concreta.

1. TEORÍA DE LA PERSONALIDAD

Aaron Beck forma parte del primer grupo de terapeutas cognitivos que se dedicaron a sistematizar tratamientos específicos para diversas patologías, incluidos los trastornos de la personalidad. Su trabajo permitió una sistematización del efecto terapéutico de las técnicas cognitivas sobre las estructuras sintomáticas, focalizadas en los *esquemas cognitivos* o *creencias controladoras*. Tales esquemas proporcionan las instrucciones que guían el centro, la dirección y las cualidades de la vida diaria, así como las contingencias especiales (Beck, Freeman, Davis y otros, 2005).

Hasta 1990 aproximadamente, la bibliografía preponderante sobre el abordaje de los trastornos de personalidad correspondía al psicoanálisis. Los teóricos cognitivos comparten con los psicoanalistas la idea de que en el tratamiento de los trastornos de la personalidad es, por lo general, más productivo identificar y modificar los problemas *nucleares*. Los dos enfoques difieren en su visión de la naturaleza de la estructura nuclear; para la escuela psicoanalítica, esas estructuras son inconscientes y no fácilmente accesibles para el paciente (Ingram & Hollon, 1986). Desde el punto de vista cognitivo, los productos de ese proceso son en gran medida conscientes y, con un entrenamiento especial, aún pueden resultar más accesibles a la conciencia. Además, los sentimientos y las conductas disfuncionales se deben en gran medida a la función de ciertos esquemas que tienden a producir sistemáticamente juicios tendenciosos y una predisposición asociada a cometer errores en determinadas situaciones. La premisa básica del modelo de la terapia cognitiva es que la fuente principal del afecto y la conducta disfuncionales en los adultos reside en la distorsión atributiva, y no en la distorsión motivacional o de respuesta (Beck et al, 2005).

CARACTERÍSTICAS DE ESTOS PACIENTES Y DEL TRATAMIENTO

Beck et al (2005) señalan que, en su mayoría, los pacientes con trastornos de personalidad suelen no darse cuenta de cómo llegaron a ser lo que son, cómo contribuyen a crear sus propios problemas, y tampoco saben cómo cambiar. Esto se debe a la tenacidad de los esquemas disfuncionales, ya que operan desde un largo período de tiempo. Aún más, los esquemas de acción que el terapeuta conceptualiza como un trastorno de personalidad pueden haber sido funcionales para el sujeto en muchas situaciones vitales, sobre todo a corto plazo. Así es muy probable que éstos pacientes acudan a terapia por motivos ajenos a problemas de los que en el DSM se categorizan en el Eje II (APA, 1995); usualmente consultan por quejas de depresión, ansiedad o situaciones externas que los empujan a buscar ayuda. Los autores indican que los signos heurísticos que pueden revelar la posibilidad de que un paciente presente problemas del Eje II son los siguientes:

- El paciente o un conocido informa que siempre se ha comportado de esa manera.
- No acepta el régimen terapéutico.
- La terapia parece llegar a una interrupción súbita, sin razón aparente. Sobre todo al reducirse los problemas de ansiedad o angustia por los que usualmente consultan.
- No parecen tener conciencia del efecto de su conducta sobre los demás.
- Expresa voluntad de cambio, pero no sigue las prescripciones.

- Ve los problemas como aspectos fundamentales de su 'yo', le parecen aceptables y naturales.

Respecto al tratamiento, Beck (1985) considera que es importante tener conciencia que la terapia provocará ansiedad, ya que se modificará la identidad del paciente y el sentido de su yo. Por más incómodos, limitantes y solitarios que puedan ser sus esquemas de acción, el cambio implica entrar en un nuevo y extraño territorio: no sólo se les pide que cambien una parte de su cadena conductual o que reencuadren una simple percepción, sino que renuncien a lo que son y a cómo se han definido a sí mismos durante muchos años y muchos contextos. Es fundamental entonces:

- Un alto grado de acuerdo entre las expectativas del paciente acerca de las metas y objetivos terapéuticos y las del terapeuta.
- Un estilo tranquilo y seguro por parte del terapeuta.
- Una naturaleza cooperativa durante el proceso de establecimiento de metas.
- Enfocar estrategias de modo tripartito, atendiendo las áreas cognitiva, conductual y afectiva. Para ello, se deben usar los tres componentes terapéuticos: cognitivo, expresivo y relacional.

TEORÍA DE LOS TRASTORNOS DE LA PERSONALIDAD

La terapia cognitiva de cualquier trastorno depende de la conceptualización de éste último y su adaptación a las características únicas de un caso específico. Beck et al (2005) presentan una teoría de los trastornos de la personalidad centrada inicialmente en la formación de los procesos de la personalidad y la operación de los mismos al servicio de la adaptación, basada en la hipótesis de que los prototipos de nuestras pautas de personalidad pueden derivarse de la herencia filogenética. Las estrategias genéticamente determinadas que facilitaron la supervivencia y la reproducción fueron presumiblemente favorecidas por la selección natural. Pueden observarse derivados de esas estrategias primitivas en los síndromes sintomáticos de los trastornos de la personalidad (i.e., trastorno por dependencia).

Ahora bien, según Beck et al (2005) ante una situación específica, el procesamiento de la información, que incluye los procesos afectivos, precede a la puesta en práctica de dichas estrategias: la evaluación de las exigencias particulares de una situación es anterior y desencadena una estrategia adaptativa o inadaptada. La manera de evaluar una situación depende por lo menos en parte de las creencias subyacentes pertinentes. Esas creencias están insertadas en estructuras más o menos estables, denominadas *esquemas*, que seleccionan y sintetizan los datos que ingresan. La secuencia psicológica pasa entonces de la evaluación a la activación afectiva y motivacional, y finalmente a la selección e instrumentación de la estrategia pertinente. En otras palabras, los procesos cognitivos, afectivos y motivacionales dependen de los esquemas, unidades fundamentales de la personalidad. A título de resumen, la Figura 1 ilustra de manera integrada el modelo cognitivo de Beck (1995), sistematizando los conceptos característicos de la teoría del mismo:

Los *rasgos* de la personalidad pueden conceptualizarse como expresiones abiertas de estas estructuras subyacentes (i.e., esquemas). Al asignar significados a los acontecimientos, las estructuras cognitivas inician una reacción en cadena que culmina en los tipos de conducta abierta (i.e., estrategias) que se atribuyen a los rasgos de la personalidad. Las pautas conductuales que comúnmente se adscriben a los rasgos o disposiciones de la personalidad (i.e., honesto, tímido, sociable), representan estrategias interpersonales desarrolladas a partir de la interacción entre las disposiciones innatas y las influencias ambientales. Los *atributos* de la personalidad de cada rasgo se consideran como *estrategias básicas* -en términos conductuales y funcionales-, y son funciones de conglomerados de esquemas básicos. En los trastornos de personalidad, estas estrategias se presentan hiperdesarrolladas, en detrimento de otras, que están infradesarrolladas (Beck et al, 2005).

Para una mejor comprensión de lo enunciado cabe hacerse la siguiente pregunta: ¿cómo se activan los esquemas en relación a los trastornos de personalidad? Las creencias disfuncionales típicas y las estrategias mal adaptadas que se expresan en trastornos de la personalidad hacen a los individuos sensibles a experiencias vitales que inciden en su vulnerabilidad cognitiva. Esta vulnerabilidad se basa en creencias extremas, rígidas e imperativas. En un terreno especulativo, la teoría de la personalidad de Beck postula que esas creencias disfuncionales se originan en la interacción de la predisposición genética del individuo con su exposición a influencias indeseables de otras personas y a hechos traumáticos específicos.

En relación a las estrategias, Gilbert (1989) entiende que la selección natural haya generado algún tipo de ajuste entre la conducta programada y las exigencias del ambiente. Pero nuestro ambiente ha cambiado con más rapidez que nuestras estrategias adaptativas automáticas y, consecuentemente, se producen inadecuaciones entre ambos. A su vez, una inadecuación puede ser un factor en el desarrollo de la conducta que diagnosticamos como trastornos de la personalidad, sobre todo si las pautas son inflexibles y relativamente incontroladas. Por ejemplo, las estrategias predatorias primitivas de supervivencia quizá no se adecuen al medio social y desemboquen en un trastorno antisocial de la personalidad. Debe tenerse en cuenta que en este sentido evolutivo las estrategias se consideran como formas de conducta programada destinadas a servir metas biológicas. Si bien el término implica un plan racional y consciente, aquí se emplea como lo hacen los etólogos, para indicar conductas estereotipadas, altamente pautadas, favorables a la supervivencia individual y a la reproducción.

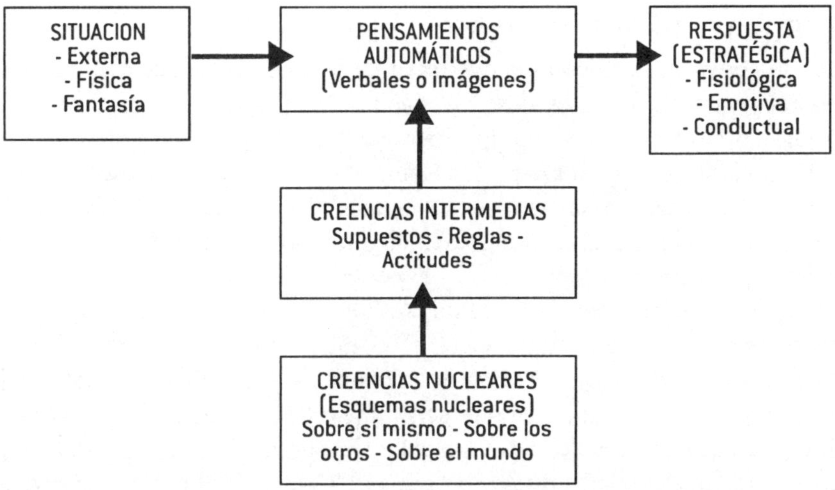

Los pensamientos automáticos son relativos a las situaciones y representan el nivel más superficial de las cogniciones. Aquí se incluyen los pensamientos evaluativos y breves, que no suelen ser resultado de razonamiento o deliberación, sino que parecen emerger automáticamente. Pueden tener forma verbal o visual. A su vez, surgen de las creencias, que son ideas que las personas suelen adoptar como verdades absolutas.
Las creencias intermedias son influidas por las nucleares, e influyentes sobre los pensamientos automáticos. Se constituyen por reglas, actitudes y supuestos.
Las creencias nucleares usualmente no son expresadas ni se tiene conciencia de ellas. Se desarrollan desde la infancia y consisten en definiciones, evaluaciones o interpretaciones fundamentales y profundas sobre el sí mismo, otras personas, y el mundo.

Figura 1. Esquema del modelo cognitivo de Aaron Beck.

En los seres humanos, el término 'estrategia' puede aplicarse análogamente a formas de conducta que pueden ser adaptativas o inadaptadas, según las circunstancias. Debido a que sólo se puede observar la conducta externa, surge el planteo de cómo se relacionan los estados internos (i.e., pensamientos, sentimientos y deseos) con las estrategias. Un modo de ilustrar esta relación consiste en examinar los procesos exagerados que se observan en individuos con diversos trastornos de la personalidad, y comparar las actitudes típicas específicas asociadas a esos desórdenes con las estrategias correspondientes.

En la Tabla 1 se exponen los trastornos de la personalidad junto a las actitudes correspondientes de cada uno -que subyacen en la conducta manifiesta- y a las estrategias específicas (i.e., pauta conductual indiosincrásica). Esta tabla no incluye el trastorno límite ni el esquizotípico, puesto que estos no presentan un conjunto indiosincrásico típico de creencias y estrategias.

TRASTORNO DE LA PERSONALIDAD	CREENCIAS/ACTITUDES BÁSICAS	ESTRATEGIA (CONDUCTA MANIFIESTA)
Por dependencia	'Estoy desvalido'	Apego
Por evitación	'Pueden hacerme daño'	Evitación
Pasivo-agresivo	'Podría ser dominado'	Resistencia
Paranoide	'La gente es peligrosa'	Cautela
Narcisista	'Soy especial'	Autoexaltación
Histriónico	'Necesito impresionarles'	Dramatismo

(continúa en la página siguiente)

TRASTORNO DE LA PERSONALIDAD	CREENCIAS/ACTITUDES BÁSICAS	ESTRATEGIA (CONDUCTA MANIFIESTA)
Obsesivo-compulsivo	'Los errores son malos, no debo equivocarme'	Perfeccionismo
Antisocial	'Los demás están para dominarlos'	Ataque
Esquizoide	'Necesito mucho espacio'	Aislamiento

Tabla 1. Creencias básicas y estrategias asociadas con los trastornos tradicionales de la personalidad.

INTERACCIÓN ENTRE LO GENÉTICO Y LO INTERPERSONAL

La teoría de Beck se apoya en la psicología evolutiva, puesto que reconoce que existen temperamentos y pautas conductuales relativamente estables desde el nacimiento (Kagan, 1989). Pero dichas características innatas son reconocidas como 'tendencias' que la experiencia puede acentuar o atemperar. Además, entre las pautas innatas de un individuo y las de otras personas significativas puede establecerse un ciclo continuo de refuerzo recíproco. Pero, hasta aquí, ni las tendencias innatas ni la conducta podrían explicar las diferencias individuales. En efecto, son los programas integrados cognitivo-afectivo-motivacionales los que deciden la conducta del individuo y lo distinguen como tal. Las experiencias de las personas, sus relaciones con el contexto y otras personas, fijan en ellas creencias. Beck et al (2005) enfatizan en que si bien las creencias pueden fijarse por repeticiones de experiencias traumáticas (i.e., combinación de predisposiciones innatas e influencias ambientales), algunos individuos logran cambiar su conducta y modificar actitudes subyacentes. Bajo la formulación de esta teoría, cada individuo tiene un perfil único de personalidad, que consiste en los diversos grados de probabilidad de que responda de cierto modo a cierto grado de una situación particular. El modo de interacción de la dotación innata con las influencias ambientales es el factor que genera distinciones cuantitativas en las pautas cognitivas, afectivas y conductuales de la personalidad.

En los individuos con trastornos de la personalidad las creencias nucleares están altamente pronunciadas. Estas personas presentan las mismas conductas repetitivas en muchas más situaciones que los demás. Entonces, los esquemas inadaptados típicos de los trastornos de personalidad son suscitados por muchas o casi todas las situaciones, teniendo un carácter compulsivo y siendo menos fáciles de controlar o modificar que sus equivalentes en otras personas. Beck et al (2005) caracterizan a los esquemas de los trastornos de personalidad como dotados de *generalización excesiva, inflexibilidad y resistencia al cambio*. Entonces, toda situación que opera sobre sus contenidos, los activa en lugar de activar esquemas más adaptativos.

PROCESAMIENTO DE LA INFORMACIÓN Y PERSONALIDAD

El modo como las personas procesan los datos sobre sí mismas y sobre los demás sufre la influencia de sus creencias y los otros componentes de su organización cognitiva (Beck et al, 2005). Cuando existe algún tipo de trastorno, la utilización ordenada de esos datos se vuelve sistemáticamente distorsionada de un modo disfuncional. Esa distorsión de la interpretación y la conducta consecuente reciben su forma de creencias disfuncionales.

Debido a que los datos sensoriales en bruto tienen en sí mismo un limitado valor informativo, es preciso transformarlos en una especie de configuración con sentido. La integración en una pauta coherente es el producto de los esquemas de orden superior que operan sobre los datos sensoriales brutos en un contexto específico, y que adscriben significado a dichos datos mediante esquemas de un nivel más bajo (i.e., esquemas condicionales, de tipo 'si... entonces...').

Además, el procesamiento de la información es influido por un mecanismo de *feedforward* (Mahoney, 1984). Los esquemas cognitivos operan en diferentes niveles. En el nivel más básico se encuentran aquellos que contienen creencias nucleares, por ejemplo, la creencia 'no merezco se amada'. Luego, esa creencia se manifiesta por la disposición a asignar cierto significado sistemático a todo hecho importante (Beck, 1964, 1967) y toma una forma condicional: 'si los hombres me rechazan, significa que no puedo ser amada'. En general, este tipo de creencias se mantienen a la expectativa cuando la persona no está expuesta a situaciones que la activan. Cuando se produce una situación relacionada con el tema, esa creencia o esquema desplaza a otras más razonables, aunque estas últimas fueran más apropiadas (Beck, 1967). Es por ese mecanismo que en los trastornos de personalidad los esquemas son hipervalentes, porque se activan inhibiendo a los demás esquemas.

Aunque fenómenos tales como pensamientos, sentimientos y deseos se limiten a pasar fugazmente por nuestra conciencia, las estructuras subyacentes responsables de esas experiencias subjetivas son relativamente estables y persistentes. Además, no son en sí mismas conscientes, aunque por medio de la introspección se pueda identificar su contenido. Sin embargo, a través de procesos conscientes tales como el reconocimiento, la evaluación y la puesta a prueba de sus interpretaciones (i.e., técnicas básicas de la terapia cognitiva), las personas pueden modificar la actividad de sus estructuras subyacentes y en algunos casos cambiarlas sustancialmente (Beck et al, 2005).

CARACTERÍSTICAS DE LOS ESQUEMAS

El concepto de 'esquema' se ha empleado para designar las estructuras que integran y adscriben significado a los hechos. El contenido de los esquemas puede tener que ver con las relaciones personales (i.e., como las actitudes respecto de uno mismo o los demás) o con categorías impersonales (i.e., como los objetos inanimados). A su vez, estos objetos pueden ser concretos (i.e., una silla) o abstractos (i.e., la libertad).

Los esquemas tienen cualidades estructurales adicionales, como la amplitud (i.e., son reducidos, discretos o amplios), la flexibilidad o rigidez (i.e., capacidad para la modificación) y la densidad (i.e., preeminencia relativa en la organización cognitiva). También se los describe en función de su valencia, o sea, su grado de activación en un momento dado. El nivel de activación escila entre los extremos de *latente e hipervalente*. Cuando son latentes, no participan en el procesamiento de la información, cuando están activados, canalizan el procesamiento cognitivo desde las primeras etapas hasta las finales (Beck et al, 2005). La Figura 2 resume los conceptos que influyen en la formación de esquemas, y los tipos de esquemas resultantes.

En el campo de la psicopatología, el término 'esquema' se ha aplicado a estructuras con un contenido idiosincrásico altamente personalizado, que se activan durante trastornos tales como la depresión o ansiedad, y se vuelven predominantes. Cuando son hipervalentes, esos esquemas desplazan y probablemente inhiben a otros que podrían ser más adaptativos (Beck, 1964, 1967; Beck et al, 1995). En los trastornos de la personalidad, los esquemas se asemejan a los activados por patologías concernientes al Eje I, pero se diferencian porque forman parte del procesamiento de la información cotidiano.

La personalidad puede concebirse como una organización relativamente estable compuesta por sistemas y modalidades. Los sistemas de estructuras entrelazadas o esquemas son los responsables de la secuencia que va desde la recepción de un estímulo hasta el punto final de una respuesta conductual. La integración de los estímulos ambientales y la formación de una respuesta adaptativa dependen de esos sistemas de estructuras especializadas. En la memoria, la cognición, el afecto, la motivación la acción y el control, participan sistemas separados, pero relacionados. Las unidades básicas de procesamiento, que son los esquemas, están organizados según sus funciones y su contenido. Diferentes tipos de esquemas tienen disímiles funciones. Cuando ciertos esquemas son hipervalentes, el umbral para la activación de los subesquemas constitutivos es bajo: los pone en marcha con facilidad un estímulo trivial. Son también 'predominantes'; es decir que en el procesamiento de la información desalojan con facilidad a esquemas o configuraciones más apropiados (Beck, 1967).

EL PAPEL DEL AFECTO EN LA PERSONALIDAD

El afecto está relacionado con el placer y el dolor, y por lo tanto, desempeña un papel clave en la movilización y el mantenimiento de las estrategias cruciales. Las estrategias de supervivencia y reproducción parecen operar en parte a través de su ligazón con los centros de placer-dolor.

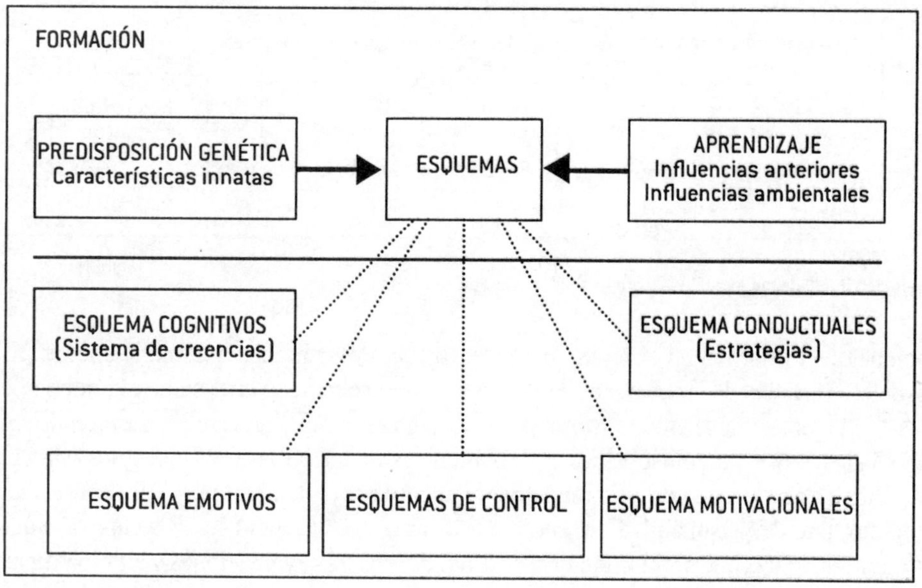

Figura 2. Formación y tipos de esquemas.

Las actividades dirigidas a la supervivencia y la reproducción conducen al placer cuando se consuman con éxito, y al dolor cuando se ven frustradas. Otras estructuras emocionales que producen ansiedad y tristeza, respectivamente, refuerzan las señales cognitivas que nos alertan ante el peligro o acentúan la percepción de que hemos perdido algo valioso (Beck et al, 1995). Por lo tanto, los mecanismos emocionales sirven para reforzar conductas dirigidas a la supervivencia y están vinculados a las expectativas y experiencias de diversos tipos de placer. Al mismo tiempo, existen mecanismos complementarios que sirven para desalentar conductas potencialmente peligrosas a través de la activación de ansiedad y disforia (Beck, Emery & Greenberg, 1985).

MECANISMOS AUTOMÁTICOS Y MODULACIÓN DE CONDUCTA

Entre los componentes básicos de la organización de la personalidad hay secuencias de diferentes tipos de esquemas que actúan como una línea de montaje (Beck et al, 2005). Se puede considerar que esas estructuras operan en una progresión lineal lógica. Por ejemplo, la exposición a estímulos peligrosos activa el correspondiente 'esquema de peligro', que comienza a procesar la información. Luego se activan en secuencia los esquemas afectivos, motivacionales, de acción y de control. La persona interpreta la situación como peligrosa (i.e., mediado por su esquema cognitivo, siente ansiedad -esquema afectivo-, quiere alejarse -esquema motivacional- y se moviliza para huir -esquema de acción-. Si juzga que la huida es contraproducente, puede inhibir ese impulso -esquema de control-). La Figura 3 ejemplifica la pauta operativa descripta.

El *sistema interno de control* opera en conjunción con el de acción para modular, modificar o inhibir impulsos. Este sistema también se basa en creencias, muchas de las cuales son adaptativas. Mientras los impulsos constituyen los 'quiero', esas creencias constituyen los 'hacer' y 'no hacer' (Beck, 1976). El sistema de control desempeña un papel crucial en los trastornos de personalidad, y por eso merece especial atención en terapia. Las funciones de control pueden dividirse en las relacionadas con la autorregulación y las involucradas con el ambiente externo. Los procesos autorregulatorios son de especial importancia para los trastornos de personalidad, ya que se relacionan con el modo como las personas se comunican consigo mismas. Las comunicaciones internas consisten en la autoobservación, la autoevaluación y la autopercepción, las advertencias y las instrucciones dirigidas a uno mismo (Beck, 1976). Cuando son exagerados o deficientes, esos procesos se vuelven más visibles. Las personas que se observan demasiado tienden a ser inhibidas, mientras que una inhibición escasa facilita la impulsividad. La *autopercepción* simplemente representa la observación de sí mismo, la *autoevalución* implica formular juicios sobre el propio valor: bueno-malo, amable-rechazable.

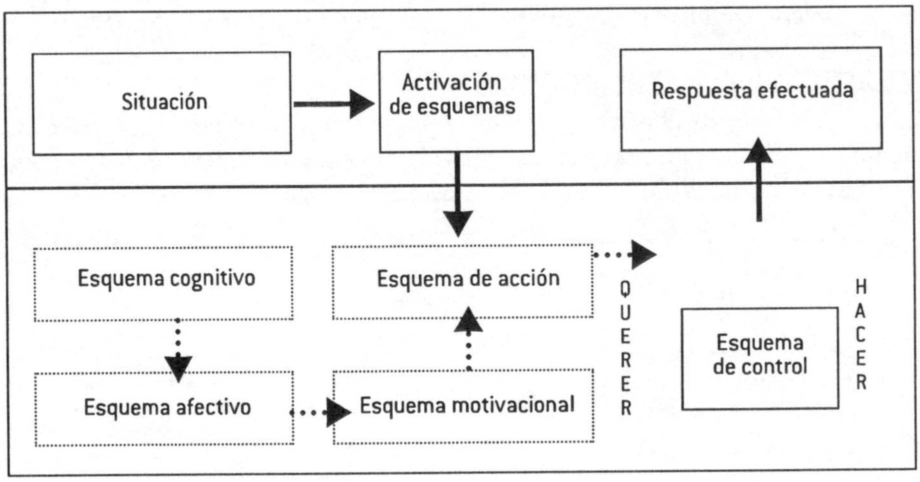

Figura 3. Operación lineal de los esquemas ante una situación determinada.

En el funcionamiento normal, el sistema de control actúa más o menos automáticamente. El individuo puede no percatarse de esas señales de sí mismo a menos que centre específicamente su atención en ellas. Entonces, esas cogniciones pueden representarse en una forma particular denominada *pensamientos automáticos* (Beck, 1967). A su vez, las autoevaluaciones y autoinstrucciones derivan de estructuras mas profundas: los *autoconceptos o autoesquemas*. De hecho, los autoconceptos extremadamente negativos (o positivos) pueden ser los factores que llevan a alguien de tener un 'tipo de personalidad', a tener un trastorno en ésta. En el curso de la maduración desarrollamos una mezcla confusa de reglas que proporcionan el sustrato de nuestras evaluaciones y autoinstrucciones. Estas reglas constituyen la base para establecer normas, expectativas y planes de acción para nosotros mismos.

EL CAMBIO COGNITIVO EN LOS TRASTORNOS DE PERSONALIDAD

Cuando las personas desarrollan un trastorno del Eje I, tienden a procesar la información de forma selectiva y de manera disfuncional. Las creencias que el paciente mantenía antes de sufrir depresión o ansiedad se convierten en mucho más firmes y dominantes, tornándose extremas y más irrebatibles. Además, como planteamos anteriormente, ciertos aspectos de la imagen negativa con respecto a sí mismo se agudizan y amplían. Los pensamientos negativos que eran pasajeros o menos sólidos antes de la depresión o la ansiedad se convierten en incontestables y se apoderan de los sentimientos y del comportamiento (Beck, 1963). Luego, las creencias condicionales específicas crecen hasta incluir un abanico de situaciones cada vez mayor. Como consecuencia la depresión o ansiedad se agrava y las creencias se vuelven absolutas y nucleares. En la Tabla 2 se esquematiza esta evolución de las creencias.

La facilidad con que los pacientes aceptan sus creencias condicionales durante la depresión o los trastornos por ansiedad sugiere que han perdido temporalmente la capacidad para someter sus interpretaciones disfuncionales a prueba de realidad. La discapacidad cognitiva reposa en la pérdida temporal del acceso a los modos racionales de cognición mediante los cuales ponemos a prueba nuestras conclusiones. La terapia cognitiva apunta explícitamente a 'reactivar' el sistema de prueba de la realidad. Mientras tanto, el terapeuta le sirve al paciente como verificador auxiliar del valor de realidad de estas creencias. Es que, como ya se señaló, el modo como un individuo utiliza los datos sobre sí mismo y los otros es influido por la organización de su personalidad; y, cuando hay una trastorno de algún tipo (i.e., Eje I o II) el procesamiento de esos datos es disfuncional y desordenado. La distorsión de la interpretación y la conducta consecuente es conformada por las creencias y actitudes disfuncionales de los pacientes (Beck et al, 2005).

NORMALIDAD	TRASTORNO EJE I	TRASTORNO EJE II
Las creencias negativas sobre sí mismo y los otros son transitorias y de carácter condicional.	Las creencias se vuelven más absolutas y generalizadas, predominando aún el carácter condicional.	Las creencias negativas se vuelven predominantes, extremas y rígidas y gobiernan los sentimientos y la conducta del paciente.
(i.e., si alguien no me guía en situaciones nuevas, no salgo a flote)	(i.e., si no tienes éxito, careces de valor)	(i.e., Carezco de valor)

Tabla 2. Evolución de creencias: desde una personalidad normal hacia un trastorno de la personalidad.

En la terapia, las creencias que forman la matriz del trastorno de la personalidad son las más difíciles de cambiar. Las creencias asociadas sólo con los trastornos afectivos y por ansiedad son susceptibles de una mejoría más rápida, porque son menos estables. Hay una circulación de la energía, o catexia, de una modalidad a otra.

ESTRATEGIAS Y ESTILOS DE PENSAMIENTO

Un trastorno se caracteriza por una constelación de creencias, actitudes, afectos y estrategias -o conductas- específicas. Beck et al (2005) considera que es posible dar un perfil distintivo de cada uno de los trastornos sobre la base de sus rasgos típicos cognitivos, afectivos y conductuales, y presenta una tipología sobre cada trastorno. Claro está que las manifestaciones visibles de cada trastorno son las estrategias típicas de cada uno. A saber, los trastornos de personalidad tienden a presentar pautas de comportamiento infradesarrolladas o hiperdesarrolladas. Sobre cada tipo de estos, ciertas estrategias hiperdesarrolladas pueden derivar o compensar un tipo específico de autoconcepto, y ser una respuesta a particulares experiencias del desarrollo.

Como reflejo de las estrategias conductuales de los pacientes, están los estilos de pensamiento. Estos tienen que ver con la manera de procesar la información, en tanto opuesta al contenido específico del procesamiento, y también son característicos para cada trastorno del Eje II.

2. ESTRATEGIAS DIAGNOSTICAS

La elección de las estrategias de evaluación depende de varios factores. Un típico enfoque dimensional consiste en cuantificar el grado en el que están presentes, o ausentes, los diferentes trastornos del Eje II. Existen distintos métodos de medida de este enfoque, como ser: sumar el número de criterios que cumple un paciente evaluado con una entrevista estructurada; usar un autoinforme con ítems redactados para evaluar criterios del DSM o ítems que evalúan trastornos específicos en múltiples ámbitos; o usar un autoinforme que estudie un solo ámbito como el de las creencias disfuncionales. Un enfoque dimensional alternativo incluye la evaluación de rasgos de personalidad o constructos del tipo rasgo (e.g., esquemas inadaptados tempranos) relevantes para los trastornos de la personalidad. Los autoinformes son el principal método de medida para este tipo de modelo dimensional.

Por otro lado, un *enfoque categórico* de evaluación implica clasificar o diagnosticar a los individuos dentro de una determinada clase o categoría, como las establecidas por el DSM, sin importar el grado en que se da el trastorno. Es decir, hay sólo dos opciones: tener un desorden o no tenerlo. Este enfoque ofrece varias ventajas, como la claridad conceptual, la facilidad de explicarlo y la familiaridad que ya le tienen los clínicos. Aquí se incluyen las entrevistas no estructuradas y las estructuradas. Estas últimas incrementan la fiabilidad y precisión de los diagnósticos y ahorran tiempo a clínicos y pacientes.

No obstante, es posible también conjuntar los enfoques dimensionales y categóricos a la hora de diagnosticar. Una entrevista estructurada puede ayudar a tomar decisiones categóricas acerca de la presencia o ausencia de un trastorno de la personalidad. Los autoinformes pueden proporcionar perfiles ideográficos que acaben de dibujar el cuadro clínico del paciente, facilitando la conceptualización cognitiva y la planificación del tratamiento. Entre los elementos cognitivos claves a considerar cuando se evalúan trastornos de la personalidad se incluyen la visión característica que de tiene de uno mismo y de los demás, las creencias disfuncionales, las estrategias principales y los afectos y los estilos específicos de procesar la información.

A continuación se describirán y ejemplificarán más específicamente cada una de las estrategias de evaluación con las que se cuenta a la hora de diagnosticar patologías de personalidad:

- *Autoinformes:* Dentro de los instrumentos con los que se cuenta para recoger información relevante sobre los trastornos de la personalidad, constituyen la estrategia más práctica en este sentido. En las últimas décadas, se han desarrollado numerosos cuestionarios, algunos de los cuales fueron diseñados para definir trastornos de personalidad tal y como lo hace el Eje II del DSM. Dos de los más comúnmente usados son el Millon Clinical Multiaxial Inventory (MCMI-III; Millon, Millon & Davis, 1994) y el Personality Diagnostic Questionnaire Revised (PDQ-R; Hyler & Rieder, 1987). Otros fueron desarrollados para evaluar rasgos relevantes de los trastornos de personalidad, por ejemplo el DAPP-BQ (Livesley, 1990), el SNAP (Clark, 1993) y el Wisconsin Personality Disorders Inventory (WISPI; Klein, Benjamin, Rosenfeld, Treece, Husted & Greist, 1993). Asimismo, existen otros cuestionarios construidos específicamente para evaluar dimensiones cognitivas relevantes en los trastornos de personalidad, como ser el Personality Belief Questionnaire (PBQ; Beck & Beck, 1991) y el Schemma Questionnaire (SQ; Young & Brown, 1994). En comparación con otras estrategias, los autoinformes requieren menos formación y menos tiempo de administración. A su vez, proporcionan puntuaciones que pueden ser comparadas con grupos normativos y usadas para preparar perfiles. Los cuestionarios mencionados anteriormente tienen en general una buena validez, una muy buena consistencia interna y confiabilidad test-retest y una aceptable validez de constructo.

- *Entrevistas clínicas estructuradas:* Dentro de las entrevistas clínicas estructuradas más utilizadas e investigadas para evaluar trastornos de personalidad y dimensiones de la personalidad relacionadas, se incluyen la Structured Clinical Interview for DSM-IV (SCID-II; First, Spitzer, Gibbon & Williams, 1995), el Personality Disorder Examination – Revised (PDE-R; Loranger, Susman, Oldham & Russsakoff, 1987) y la Structured Interview for DSM-IV Personality Disorders (SIDP-R; Pfohl, Blum, Zimmerman & Stangl, 1989). Estas tres entrevistas han mostrado una alta confiabilidad cuando son administradas por clínicos experimentados. Es por ello que la formación y la competencia del clínico es indispensable. En cuanto al producto final de las mismas, las estimaciones de la confiabilidad han sido más altas para las puntuaciones dimensionales que para los diagnósticos categóricos.

- *Uso de informantes:* Tanto los autoinformes como las entrevistas clínicas estructuradas dependen de que los pacientes sean capaces y deseen informar adecuadamente sobre sus experiencias internas y sus pautas de conducta a largo plazo. Sin embargo, existen posibles formas de pérdida de autenticidad de los autoinformes. Dicho sesgo puede proceder del efecto del estado psíquico del paciente cuando realiza el informe. Es por ello que resulta muy útil que los clínicos puedan añadir al autoinforme del paciente datos obtenidos a partir de informantes que conozcan bien a éste, como miembros de su familia, amigos y compañeros de trabajo. Dichos informantes pueden proporcionar datos sobre las pautas conductuales que el paciente no percibe o no quiere revelar. Cuando hay discrepancias entre los autoinformes y lo manifestado por los informantes, los clínicos pueden acudir a otras fuentes de información -observación clínica, informes sobre tratamientos pasados, informes de otros especialistas- para aunar criterios.

- *Entrevistas clínicas no estructuradas:* muchos clínicos utilizan la entrevista no estructurada para evaluar trastornos de la personalidad. Sin embargo, cabe señalar que diversas investigaciones hallaron poco acuerdo entre las entrevistas estructuradas y no estructuradas (Steiner, Tebes, Sledge & Walker, 1995). La experiencia y sofisticación clínica del entrevistador son imprescindibles para llevar a cabo una evaluación adecuada sin una entrevista estructurada. No obstante, ya sea que se utilice una entrevista estructurada o no estructurada, es esencial determinar no sólo la actual existencia de los rasgos o criterios del trastorno de personalidad sino también la persistencia, su grado de solapamiento con otros y el nivel de incapacidad relacionados con esas características.

MEDIDAS COGNITIVAS DE PATOLOGÍA DE LA PERSONALIDAD

Es importante destacar que la teoría cognitiva de los trastornos de la personalidad hace hincapié en la importancia de los esquemas y creencias nucleares del paciente como estructuras organizacionales y representaciones mentales globales que guían el proceso de información y la conducta. Es por ello que la terapia cognitiva presta mucha atención a la evaluación de esquemas, creencias y supuestos relacionados. Parte del supuesto que las historias evolutivas de los pacientes, los problemas, síntomas actuales y las conductas durante la entrevista proporcionan claves para revelar sus creencias disfuncionales. A su vez, la relación terapéutica proporciona un importante contexto para evaluar algunas creencias propias de los trastornos de la personalidad. Por tal motivo, se describirán a continuación dos autoinformes que han sido desarrollados con la finalidad de evaluar dichas creencias o esquemas.

- *El Personality Belief Questionnaire* (Beck & Beck, 1991): El PBQ es una prolongación natural de la teoría cognitiva de los trastornos de la personalidad. Beck et al (1990) propusieron una lista de esquemas prototípicos para la mayor parte de los trastornos del Eje II. De este modo, se enumeraron las creencias y supuestos específicos que se piensan están asociadas con cada trastorno. Dicho listado de definiciones de los esquemas fue luego incorporado en el PBQ. Este cuestionario contiene nueve escalas en total que pueden ser administradas juntas o separadas y que corresponden a nueve de los trastornos de personalidad del Eje II del DSM-III-R. Las nueve escalas contienen 14 ítems, lo que resulta en un total de 126 ítems. La consigna del cuestionario es la siguiente: 'Por favor, lea los siguientes enunciados y evalúe en qué medida cree que son ciertos. Intente juzgar cómo se siente la mayor parte del tiempo acerca de cada enunciado'. Las opciones de respuesta van de 0: 'No es cierto en absoluto' a 4: 'Es totalmente cierto'. Finalmente es importante destacar las dos formas en que el PBQ puede usarse clínicamente: para proporcionar un perfil cognitivo e identificar creencias disfuncionales que pueden ser atendidas durante el tratamiento.

- *El Schema Questionnaire* (Young & Brown, 1994): A diferencia del PBQ que fue diseñado específicamente para el Eje II, el SQ es un ejemplo de enfoque dimensional y de constructo que además es conceptualmente independiente de la nosología del Eje II. Más bien el SQ fue diseñado para medir esquemas inadaptados tempranos -EIT- relacionados de forma cruzada con las categorías DSM. Los EIT pueden definirse como 'ítems muy amplios y generales sobre las relaciones que tenemos con los demás, pero desarrolladas durante la niñez y elaboradas durante toda la vida, siempre disfuncionales, aunque en diferentes grados' (Young, 1994). Son descritos como pautas profundamente enraizadas importantes para el concepto del yo de cada uno. Young identificó 18 esquemas organizados bajo cinco dominios:

1. Dominio de Desconexión y Rechazo:
1) Esquema de Abandono/Inestabilidad
2) Esquema de Desconfianza/Abuso
3) Esquema de Privación Emocional
4) Esquema de Defectuosidad/Vergüenza
5) Esquema de Aislamiento Social/Alienación

2. Dominio de Autonomía y Desempeño Deteriorados:
6) Esquema de Dependencia/Incompetencia
7) Esquema de Vulnerabilidad al Daño o a la Enfermedad
8) Esquema de Entrampamiento Emocional/Yo Inmaduro
9) Esquema de Fracaso

3. Dominio de Límites Insuficientes:
10) Esquema de Derecho/Grandiosidad
11) Esquema de Autocontrol Insuficiente/Autodisciplina

4. Dominio de Orientación Hacia los Otros:
12) Esquema de Subyugación
13) Esquema de Autosacrificio
14) Esquema de Búsqueda de Aprobación/Búsqueda de Reconocimiento

5. Dominio de Sobrevigilancia e Inhibición:
15) Esquema de Negatividad/Pesimismo
16) Esquema de Inhibición emocional
17) Esquema de Estándares Implacables / Hipercrítica
18) Esquema de Condena

El SQ es un autoinforme de 205 ítems desarrollado para medir 18 esquemas. Asimismo, se ha desarrollado y probado una versión reducida del SQ. El Schema Questionnaire – Short Form (SQ-SF) contiene 75 ítems seleccionados de entre los que forman la versión completa para identificar los esquemas inadaptados tempranos. El SQ es de gran utilidad para obtener perfiles de pacientes. Asimismo, la teoría de los esquemas también da mucha importancia a los estilos de afrontar las cosas y los modos de esquemas (Young, 2002). Según esta teoría, la gente se maneja con sus esquemas de manera diferente en diferentes momentos. Es por ello que Young y sus colegas han propuesto tres estilos desadaptativos hipercompensación, rendición y evitación pudiendo existir en forma leve en poblaciones no clínicas, en formas rígidas y extremas en poblaciones clínicas. Los modos de esquemas son definidos como estados emocionales del momento y respuestas ante situaciones vitales que están activos para un individuo. La activación de un modo disfuncional conduce a emociones fuertes o estilos de afrontamiento rígidos que, entonces, toman el control del funcionamiento de una persona. Esos modos pueden categorizarse de la siguiente manera: modos infantiles -niño vulnerable, niño enfadado, niño impulsivo/indisciplinado y niño feliz-, modos de afrontamiento desadaptativo -rendición sumisa, protector desprendido y sobrecompensador-, modos desadaptativos de padres -padre punitivo, padre exigente- y modo sano de adulto. Finalmente, hay que destacar que Young plantea que la gente cambia de un modo a otro y que, debido a esos cambios, algunos esquemas que estaban antes en letargo se activan. Siguiendo este criterio, las puntuaciones SQ o SQ-SF serían bastante inestables. Sin embargo, las investigaciones han develado que estas escalas son estables para las poblaciones clínicas (Wellburn, Coristine, Dagg, Pontefract & Jordan, 2002).

CONSIDERACIONES SOBRE EL PROCESO DE EVALUACIÓN

El plan de tratamiento de un caso en particular, se empieza a diseñar sólo después de la evaluación y conceptualización del mismo. A la hora de evaluar patologías de la personalidad no deben pasarse por alto ciertos puntos esenciales:

- La necesidad de tener gran familiaridad con los criterios específicos y generales de los trastornos de personalidad.
- La importancia de prestar la suficiente atención a la hora de evaluar la persistencia y el grado de deterioro del estado del paciente, ya que lo hace con base en ciertos criterios y rasgos específicos, que son correlatos cognitivos de la patología de la personalidad. Es esencial poder diferenciar los estados psiquiátricos episódicos o pasajeros de los rasgos de personalidad permanentes.
- La importancia de la formación y competencia del clínico, ya que al ser los diagnósticos del Eje II más inferenciales que los del Eje I, un clínico inexperto puede fácilmente ver más patología en un paciente de la que verdaderamente hay.

3. TRATAMIENTO DE LOS TRASTORNOS DE LA PERSONALIDAD

Existen diferencias en cuanto al tratamiento de aquellos pacientes que presentan síntomas propios de los trastornos del Eje I como aquellos que padecen un trastorno correspondiente al Eje II, aunque en un principio ambos tipos de pacientes presenten síntomas similares. Según Beck et al (2005), aquellos que padecen trastornos correspondientes al Eje I retornan a su modo de pensamiento premórbido una vez que se recuperan de su cuadro sintomático. Pero hay pacientes que aunque la depresión haya cedido siguen manifestando ciertas características que estaban presentes durante la misma. Esto se debe a que las creencias e interpretaciones defectuosas que dan lugar a las conductas desadaptativas en las personas con trastorno de la personalidad se encuentran estructuralizadas, es decir, incorporadas a la estructura cognitiva normal. Por este motivo se hace necesario que tanto el paciente como el terapeuta reconozcan que esas creencias residuales básicas están profundamente arraigadas y no ceden fácilmente con técnicas que se utilizan para los trastornos de ansiedad y depresión. Por ello, para producir un cambio estructural que sea capaz de modificar un trastorno de la personalidad se necesita mucho más tiempo y esfuerzo que para modificar el pensamiento disfuncional de los trastornos afectivos, lo que lleva a que muchas veces sea necesario realizar un proceso largo y tedioso con este tipo de pacientes. Beck et al (2005) plantean como objetivos generales para el tratamiento de los trastornos de la personalidad los siguientes:

- Conceptualización del caso: el terapeuta debe realizar una conceptualización específica de cada paciente que le permita comprender el comportamiento inadaptado del mismo y modificar las actitudes disfuncionales.
- Identificación y modificación de los esquemas: el terapeuta debe utilizar los datos que se recogen para poder reconocer los esquemas nucleares y las reglas de pensamiento que rigen las conductas de estos pacientes para que

puedan comprender el origen de sus conductas disfuncionales y cómo éstas a su vez refuerzan los esquemas. Esta información servirá para modificar las creencias actuales desadaptativas por otras que sean más funcionales.

– Especificar las metas que persiguen los pacientes y que subyacen a las aspiraciones y ambiciones que expresan.

– Énfasis en la relación paciente/terapeuta: construir una relación de trabajo que se caracterice por la cooperación y la confianza para poder llevar a cabo la terapia de manera adecuada. Se debe explorar las reacciones emocionales que manifiesta el paciente ya que las mismas le permitirán comprender el sistema de pensamientos y creencias que da soporte y sentido a esas reacciones. Por este motivo resulta importante utilizar el descubrimiento guiado para que el paciente, con la ayuda del terapeuta explore los significados subyacentes a sus experiencias y pueda identificar el motivo de las reacciones exageradas a ciertas situaciones.

Beck et al (2005) plantean que a la hora de planificar y aplicar las técnicas y estrategias específicas para alcanzar los objetivos del tratamiento, como primera medida hay que tener en cuenta no solo la patología del paciente sino sus modos particulares de incorporar y utilizar la información sobre sí mismo ya que los métodos eficaces en un momento y con un paciente determinado pueden ser ineficaces en otro momento y/o con otro tipo de paciente. El tratamiento que proponen estos autores para los trastornos de la personalidad se operacionaliza a través de diversas técnicas como lo son las cognitivas y las conductuales, dentro de las cuales se incluyen también la evocación de las experiencias de la niñez y el empleo de evocación de imágenes que resultan eficaces para estos trastornos. Si bien existe una división arbitraria de las técnicas cognitivas y conductuales estos autores sostienen que ninguna técnica en sí es puramente cognitiva o conductual ya que las estrategias cognitivas pueden producir cambios conductuales y viceversa, y ambas resultan complementarias en el tratamiento de los trastornos de personalidad.

ESTRATEGIAS Y TÉCNICAS COGNITIVAS

Beck y sus colaboradores sostienen que las mismas técnicas que se emplean para evaluar los pensamientos automáticos de los trastornos correspondientes al Eje I, sirven también para tratar los trastornos de personalidad (Beck et al, 1985; Beck, Rush, Shaw & Emery, 1979). Algunas de las técnicas cognitivas para tratar estos trastornos son:

– Sondeos cognitivos: tiene como objetivo que el paciente, junto con la ayuda del terapeuta, identifique las situaciones que padece y que le generan malestar, pero centrándose en las bases cognitivas de las mismas. Este sondeo puede realizarse mediante la técnica de la flecha hacia abajo (Beck et al, 1985) que consiste en explorar los significados de los pensamientos más superficiales hasta llegar a las más profundas (i.e., esquemas nucleares) para tratar de modificarlas mediante un razonamiento realista y lógico.

– Abordar los esquemas: su objetivo es que el paciente, con la ayuda del terapeuta pueda identificar las reglas que rigen sus conductas disfuncionales para después trabajar en su modificación de manera tal que permita establecer un funcionamiento más adaptativo (Beck et al, 2005). Al trabajar con los esquemas del paciente el terapeuta puede tener varias opciones de trabajo:

1°. Reestructuración esquemática: consiste en atenuar los esquemas disfuncionales para poder desarrollar otros que sean más adaptativos. Esto puede lograrse mediante la técnica de los “diarios de esquema”, que tiene como objetivo establecer nuevos esquemas funcionales y poder mantenerlos a través del procesamiento de nuevas situaciones y reformulaciones de situaciones anteriores. El paciente podría, por ejemplo, dividir en secciones (i.e., trabajo, vida social, en soledad, etc.) y registrar diariamente en cada una ejemplos de aptitud. Esto lo ayuda a contrarrestar su creencia absoluta en los esquemas negativos en momentos de estrés. Otra forma de aplicar esta técnica consiste en que el paciente prevea qué puede ocurrir en una determinada situación si actuara en base a sus esquemas negativos, para después escribir lo que sucedió realmente y hacer una comparación. Una tercera forma de aplicar esta técnica consiste en que el paciente, una vez que empieza a creer en sus esquemas más adaptativos, evalúe las situaciones de la semana en bases a sus esquemas viejos y los nuevos para ver las diferencias y beneficios que encuentra en estos últimos.

2°. Modificación esquemática: hace referencia a lograr cambios, más atenuados que en el caso de la reestructuración, en la manera básica de responder al mundo

3°. Reinterpretación de los esquemas: supone ayudar al paciente a que comprenda y reinterprete su estilo de vida y sus esquemas de manera más adaptativa.

– Toma de decisiones: cuando los pacientes con trastorno de la personalidad tienen problemas en la toma de decisiones, el terapeuta debe entrar en la vida del paciente y actuar de manera colaborativa para que este pueda ir aprendiendo a tomar ciertas decisiones importantes que ayuden a modificar los estilos de personalidad. Una técnica consistiría en que el paciente y el terapeuta definan el problema, a partir del cual establecerán posibles metas y luego realizar un Brainstorming para generar distintas alternativas y proceder a la elección de la más adecuada (D'Zurilla & Goldfried, 1971). Otra técnica podría ser elaborar una lista de ventajas y desventajas de cada alternativa y asignarle un valor numérico relativo para después elegir el que más adecuado resulte al paciente.

– Descubrimiento guiado: le permite al paciente reconocer las pautas de interpretacion disfuncinales estereotipadas.

– Búsqueda del significado idiosincrásico.

– Rotulación de las inferencias: para que el paciente tome conciencia del carácter distorsionado de ciertas pautas automáticas de pensamiento.

– Empirismo cooperativo: trabajo con el paciente para poner a prueba la validez de sus creencias, interpretaciones y expectativas.

– Examen de las explicaciones de la conducta de otras personas.

– Ordenamiento en escalas: traducción de las interpretaciones a expresiones graduales para contrarrestar el típico pensamiento dicotómico.

– Reatribución: reasignación de la responsabilidad por acciones y resultados.

– Exageración deliberada: lleva una idea a su extremo, lo que realza las situaciones y facilita la reevaluación de una conclusión disfuncional.

– Examen de las ventajas y desventajas de conservar o cambiar creencias o conductas y la clarificación de los beneficios secundarios.

– Descatastrofización: permitirle al paciente reconocer y contrarrestar la tendencia a pensar exclusivamente en términos del peor desenlace posible de una situación.

TÉCNICAS CONDUCTUALES

Estas técnicas apuntan a tres metas comunes. En primer lugar, a veces el terapeuta necesita trabajar directamente para modificar las conductas autodestructivas. Segundo, si el paciente posee una capacidad deficiente, la terapia debe incluir un componente de construcción de la capacidad. Finalmente, se pueden plantear al paciente distintas tareas para que realice en su casa a fin de que practique y siga poniendo a prueba sus cogniciones disfuncionales (Beck et al, 2005). Entre las técnicas conductuales útiles se encuentran las siguientes:

– Observación y programación de la actividad: permite la identificación retrospectiva y la programación prospectiva de los cambios.

– Programación de actividades de dominio y placer: para realzar la eficacia personal y validar el éxito con las experiencias modificadas y el placer derivado de ello.

– Ensayo de conductas, modelado, entrenamiento en asertividad y la dramatización: para desarrollar habilidades ante los primeros esfuerzos tendientes a responder con más eficacia en situaciones problemáticas antiguas o nuevas.

– Entrenamiento en relajación y distracción conductual: se utilizan cuando la ansiedad se convierte en una amenaza cuando el paciente intenta el cambio.

– Exposición in vivo: en la que se acompaña al cliente a un escenario problemático y le ayuda a abordar esquemas y acciones disfuncionales que no se pudieron tratar en el consultorio.

– Encargos graduales de tareas para que el paciente experimente lo cambios de a poco.

– Con respecto a las técnicas de evocación de las experiencias de la niñez y el empleo de evocación de imágenes, estas tienen como objetivo que el paciente, con ayuda del terapeuta, pueda recrear situaciones traumáticas de su pasado como también las del presente, para activar la interacción defectuosa junto con el afecto y de esta manera reestructurar la experiencia y las actitudes que derivan de estas. Esto permite que el paciente no solo logre un insight intelectual sino también emocional para comprender las razones de su autoimagen negativa y poder modificar esa imagen (Beck et al, 2005). Las técnicas experimentales o dramáticas consisten en:

- Evocación de las experiencias de la niñez: esta técnica resulta esencial en los trastornos de personalidad ya que al recuperar este tipo de material se puede vislumbrar los orígenes de las pautas inadaptadas. La dramatización de situaciones patógenas del pasado permite que el paciente pueda comprender la conducta "mala" de sus padres y poder sentir compasión por ellos, como también entender que su autoconcepto no se basa en la lógica sino que es producto de las reacciones no razonadas de sus padres.

- Empleo de evocación de imágenes: se emplean imágenes de una determinada situación, lo más detalladamente posible, que permita recrear las interacciones de aquel momento y poder producirse la reestructuración cognitiva.

APLICACIÓN DE PROTOCOLOS

Si bien lo anteriormente expuesto hace referencia a distintas cuestiones inherentes a los trastornos de personalidad, no debe pasarse por alto que cada trastorno se caracteriza por una constelación propia de creencias, actitudes, afectos y estrategias o conductas específicas. Por ello, Beck et al (2005) consideran que es posible dar un perfil distintivo de cada uno de los trastornos sobre la base de sus rasgos típicos cognitivos, afectivos y conductuales. Resulta de gran importancia tener en cuenta la tipología formulada por los autores sobre cada trastorno y, a su vez, realizar una adecuada conceptualización de cada caso en particular, identificando los componentes que hacen al perfil cognitivo. En este trabajo incluimos, en forma de cuadros para facilitar su comprensión, la información básica a considerar para conceptualizar casos. Se exponen detalladamente las características cognitivas, el concepto de sí mismo y de los demás, las principales creencias en sus distintos niveles de operación -nucleares, condicionales e instrumentales o de autoinstrucción-, así como las estrategias más utilizadas en consecuencia.

A la hora de planificar el curso de tratamiento, resultará fundamental tener en cuenta lo anteriormente expuesto. Por tal motivo también presentamos, en la segunda parte de los cuadros para cada uno de los trastornos de la personalidad, los objetivos terapéuticos más adecuados y aquellas técnicas más pertinentes en respuesta a los mismos, en vistas a un efectivo abordaje de cada trastorno. Estos cuadros estás hechos en una carilla con la intención de facilitarle, en tiempo presente, al clínico la posibilidad de seguir un protocolo.

Finalmente, es importante destacar que, más allá de las diferencias que hay entre los distintos abordajes de cada trastorno, siempre existirá como objetivo común y primordial, la construcción de una relación terapéutica basada en la cooperación. Para ello, será necesario lograr un alto grado de acuerdo entre las expectativas del paciente y las del terapeuta acerca de las metas y objetivos terapéuticos, así como enfocar las estrategias de modo tripartito, atendiendo las áreas cognitiva, conductual y afectiva.

4. GUÍAS ESQUEMATIZADAS PARA EL TRATAMIENTO DE CADA TRASTORNO DE LA PERSONALIDAD

TRASTORNO PARANOIDE DE LA PERSONALIDAD

	PERFIL COGNITIVO	
Concepción de sí mismo	Justo. Inocente. Noble. Vulnerable.	
Concepción de los demás	Maliciosos. Interferentes. Discriminadores. Con móviles abusivos.	
Principales Creencias	Nucleares	'Soy vulnerable a otras personas'. 'No se puede confiar en los demás'. 'Me van a desacreditar/derrumbar'. 'Los demás me engañarán debido a sus malas intenciones'.
	Condicionales	'Si no tengo cuidado me manipularán, abusarán o se aprovecharán de mí'. 'Si la gente actúa amistosamente, es porque tratan de usarme'. 'Si las personas parecen distantes, ello demuestra su hostilidad'.
	Instrumentales o de Autoinstrucción	'Mantente en guardia'. 'No confíes en nadie'. 'Busca los motivos ocultos'. 'No te dejes engañar'.
Características Cognitivas	Sobregeneralización: Justifican sus actitudes de desconfianza basándose en casos aislados -generalmente referidos a la infancia o al pasado-. Pensamiento todo o nada: Interpretan a las personas en términos absolutos. Presuponiendo que 'todos esconden motivos ocultos' o que 'no se puede confiar en nadie'. Lectura de pensamiento: presuponen intenciones malignas y ocultas respecto a los demás.	
Estrategias	Vigilancia. Cautela y suspicacia. Ocasionales enfrentamientos a sus 'adversarios' con quejas por presuntos agravios. De tal modo, provocan la hostilidad que creían percibir.	
	CURSO DE TRATAMIENTO	
Objetivos		Técnicas
Establecer una relación terapéutica	**Reducir la vigilancia y el estrés inicial**	Aceptar la desconfianza que manifiesta el cliente, y demostrar confianza gradual mediante la acción. Ser claro, frontal y coherente. No presionar al cliente para que hable de sus pensamientos y sentimientos delicados. Utilizar analogías para referir a situaciones paranoides. No exponer directamente al paciente a las mismas.
Estructurar las sesiones de terapia	**Identificar las áreas – problema que se van a abordar, relegando el trabajo sobre pensamientos típicos del trastorno**	Darle control al paciente sobre el contenido de las sesiones, las tareas para la casa y la frecuencia de las mismas.
	Continuar trabajando sobre capacidad de afrontamiento. Aumentar la sensación de eficiencia -en pos de disminuir indirectamente el sentimiento de vulnerabilidad-	Incrementar la capacidad de afrontamiento a situaciones problemáticas, mediante técnica de resolución de problemas y conductuales para abordar problemas propuestos por el paciente. Realizar intervenciones que generen una apreciación realista de su capacidad de afrontar problemas.
Identificar y modificar las creencias disfuncionales subyacentes	**Modificar la desconfianza y la percepción de los demás como malos, hacia una evaluación realista**	No presuponer que la desconfianza es distorsionada. Técnica del continuo: evaluar a los demás mediante una escala continua que una dos extremos dicotómicos, i.e. desconfianza – confianza.
	Modificar el circuito de la ideación paranoide, que incide en las relaciones interpersonales generando hostilidad y confirma tal ideación	Abordar las cogniciones que bloquean autoafirmaciones apropiadas, i.e. 'si saben lo que quiero, lo utilizaran en mi contra'. Entrenamiento en asertividad, acompañado de una evaluación de la reacción de los demás ante comunicaciones asertivas.
	Ayudar al paciente a desarrollar y mantener la nueva capacidad de ver a los demás y de empatizar con ellos	Descubrimiento guiado -en pos de ayudar a reconocer los modos provocativos de su estilo de interacción anterior-: Realizar preguntas que requieran que el cliente prevea el efecto de sus acciones sobre los demás y considere lo que sentiría él si los roles se invirtieran. Continuar entrenamiento en asertividad, incorporando ejercicios de roleplaying -es necesario que el paciente distinga su modo anterior de evaluación y comunicación para este ejercicio-.
Trabajar sobre la ansiedad	**Educar al paciente para reconocer y afrontar efectivamente las situaciones sociales que solían generar estrés**	Psicoeducación: explicar el circuito cognitivo típico del trastorno paranoide, focalizando en alternativas de pensamiento -y acción- ante situaciones que generan suspicacia y ansiedad.

TRASTORNO ESQUIZOIDE DE LA PERSONALIDAD

PERFIL COGNITIVO		
Concepción de sí mismo	Autosuficientes. Solitarios. Independientes. Vulnerables al control ajeno.	
Concepción de los demás	Intrusivos. Controladores.	
Principales Creencias	**Nucleares**	'Estoy solo'. 'Las relaciones estrechas con otras personas son desastrosas'. 'Puedo hacer mejor las cosas solo, sin el estorbo de los demás'. 'Las relaciones estrechas son indeseables porque interfieren mi libertad de acción'.
	Condicionales	'Si me acerco demasiado a los demás, me succionarán' 'No puedo ser feliz a menos que tenga una movilidad total'.
	Instrumentales o de Autoinstrucción	'No te acerques demasiado'. 'Mantén las distancias'. 'No te comprometas'
Características Cognitivas	Generalización: descalifican a todas las relaciones sociales. Minimización: Subestiman a las maneras de ser de los demás. Abstracción selectiva: Se centran en aspectos personales negativos que confirman su creencia sobre las relaciones sociales.	
Estrategias	Mantenerse a distancia, mientras sea posible. Unirse a los demás solamente por razones específicas u obligaciones, de manera temporal y sin comprometerse con ellos.	

CURSO DE TRATAMIENTO		
OBJETIVOS		**TÉCNICAS**
Establecer una relación terapéutica	**Lograr que el paciente se sienta cómodo en la terapia**	Examinar abiertamente las ventajas y desventajas de la terapia. Luego de la primera sesión, se puede impartir como tarea para la casa que realice un cuadro al respecto. No forzar respuestas afectivas.
	Cuidar las reacciones propias respecto a las creencias del cliente	Trabajar y controlar las propias reacciones afectivas frente a las creencias del paciente en contra de las relaciones íntimas, para que la terapia proceda de manera colaborativa.
Estructurar las sesiones de terapia	**Identificar las áreas – problema que se van a abordar**	Negociar una lista de problemas y de objetivos en colaboración mutua, sugestionando comenzar por problemas de ansiedad. Elicitar información de manera socrática y colaborativa. No especular ni establecer unilateralmente los objetivos. Ser pacientes a las iniciativas del cliente.
	Comenzar el trabajo con los problemas que se hayan acordado	Debido a que usualmente no priorizan problemas cognitivos típicos del trastorno, es importante comenzar a examinar las creencias subyacentes a medida que se trabaja con los problemas acordados. Profundizar mediante el diálogo socrático las situaciones que al paciente le generan ansiedad.
Identificar y modificar las creencias disfuncionales subyacentes	**Identificar las situaciones donde el paciente restringe su afecto**	Examinar la conducta autoprotectiva del paciente. Ayudar al paciente a elaborar una lista de situaciones donde siente ansiedad y se ensimisma consecuentemente. Realizar experimentos conductuales, para modificar la respuesta e identificar la creencia 'escondiendo mis emociones estoy a salvo'.
	Reencuadre de creencias nucleares **-tener en cuenta que es probable que el paciente las reconozca, pero que no mida su efecto perjudicial-**	Desafiar las creencias típicas del trastorno en la sesión, mediante el diálogo socrático -nunca confrontar directamente-. Dar tareas para la casa que pongan a prueba los efectos de las creencias. Explicar el modelo cognitivo, mediante psicoeducación, en pos de que el paciente relacione sus creencias con sus emociones y conductas. Realizar registro de pensamiento y búsqueda de alternativas.
	Identificar las dificultades que pueden surgir en la realización de tareas	Incluir una columna de dificultades en el registro de pensamientos automáticos. Experimentos conductuales para poner a prueba esas creencias y reemplazarlas por otras creencias más funcionales.
Trabajar sobre las relaciones sociales	**Identificar y trabajar sobre objetivos sociales del paciente -formación de amistades, relaciones íntimas, etc.-**	Realizar una lista con situaciones sociales que el paciente desee cambiar. Planear tareas graduales para conseguir dichas situaciones, previendo la posibilidad de que no todas sean exitosas.

TRASTORNO ESQUIZOTÍPICO DE LA PERSONALIDAD

PERFIL COGNITIVO

Concepción de sí mismo	Carentes de valor. Anormales. Diferentes	
Concepción de los demás	Crueles. Peligrosos. Hostiles	
Principales Creencias	**Nucleares**	Soy especial'. 'No soy interesante'. 'La gente es cruel y peligrosa, no me puedo fiar de ellos'.
	Condicionales	'Si intento acercarme a los demás, me rechazarán'. 'Si soy muy diferente, la gente reparará en mí'. 'Si tengo experiencias inusuales, entonces puedo ser importante'. 'Si la gente nota lo raro que soy, se fijarán en mí'.
	Instrumentales o de Autoinstrucción	Evita las situaciones sociales Mantente solo, en busca de situaciones especiales.
Características Cognitivas	Creencias inusuales: pensamiento mágico, sospechas exageradas e ideas de referencia. Alucinaciones. Pensamiento paranoide.	
Estrategias	Mantenerse a distancia. Hipervigilancia. Reflexión solitaria y usualmente de alto contenido emocional.	

CURSO DE TRATAMIENTO

OBJETIVOS		TÉCNICAS
Establecer una relación terapéutica	**Evaluar el nivel de ansiedad social y falta de confianza en el terapeuta**	Examinar abiertamente las ventajas y desventajas de la terapia. Luego de la primera sesión, se puede impartir como tarea para la casa que realice un cuadro al respecto. Realizar una lista de dos columnas sobre la evidencia de la afirmación 'no puedo confiar en mi terapeuta' y sobre la evidencia de lo contrario.
	Identificar la existencia de ambivalencia hacia algunos síntomas (i.e. la visión positiva de experiencias perceptivas inusuales)	Sopesar ventajas y desventajas de la visión positiva de los síntomas: Revisar el desarrollo de esas creencias y las situaciones donde fueron útiles. Explorar mediante un enfoque cognitivo si existen mejores alternativas de acción.
Estructurar las sesiones de terapia	**Identificar las áreas – problema que se van a abordar**	Negociar una lista de problemas y de objetivos en colaboración mutua. Dedicar tiempo hasta lograr objetivos realistas, asequibles, específicos y medibles.
	Establecer la duración del tratamiento -como motivador terapéutico-	Pautar un contrato con un límite temporal de sesiones, con posibilidad de continuidad, de acuerdo a una evaluación futura de resultados.
Identificar y modificar las creencias disfuncionales subyacentes	**Identificar las situaciones donde el paciente siente ansiedad / depresión**	Examinar la conducta autoprotectiva del paciente. Ayudar al paciente a elaborar una lista de situaciones donde siente ansiedad -o depresión-. Realizar experimentos conductuales, para modificar la respuesta e identificar las creencias subyacentes.
	Examinar y modificar las creencias paranoides	Revisar la historia de las creencias paranoides, y paralelamente evaluar las ventajas y desventajas que han tenido. Descubrimiento guiado. Comprobar mediante ejercicios imaginados la posible utilidad de estas creencias en determinadas situaciones. Realizar experimentos conductuales: Modificación de estrategias protectoras (i.e. evitación social, vestir de manera llamativa que atrae atención y posibles críticas, ocultar emociones negativas). Es importante planear con tiempo los experimentos, considerando proactivamente los posibles problemas.
	Reencuadre de creencias nucleares	Técnicas de cambio de esquemas: examen histórico de las creencias, descubrimiento guiado, registro de datos empíricos, y búsqueda de creencias alternativas.
Trabajar sobre las experiencias perceptivas inusuales.	**Ayudar al paciente a comprender y modificar el fenómeno de las alucinaciones**	Evaluar creencias sobre fusión de pensamiento y acción, y creencias metacognitivas sobre protección y seguridad. Realizar ejercicios de detención de pensamiento o de conductas alternativas en situaciones que usualmente se acompañan de alucinaciones. Confeccionar un registro temporal de situaciones de alucinación, para evaluar la disminución de las mismas
Trabajar sobre el estigma asociado a la etiqueta diagnóstica	**Ayudar al paciente a reducir la visión de sí mismo como anormal**	Normalizar las experiencias del paciente mediante la búsqueda de información relacionadas al continuo de los rasgos de la personalidad, a la prevalencia de experiencias alucinatorias y paranoides en la población general, a la relación entre el uso de drogas y la personalidad esquizoide y a la naturaleza potencialmente útil de algunas experiencias inusuales. Trabajar lo incorporado en sesión con psicoeducación, focalizando en la diferencia entre estilos de acción y pensamiento, y personalidad defectuosa.

TRASTORNO ANTISOCIAL DE LA PERSONALIDAD

PERFIL COGNITIVO

Concepción de sí mismo	Solitario. Autónomo. Fuertes. Inteligente. Persistente. Obligado por las circunstancias.	
Concepción de los demás	Débiles. Vulnerables. Explotadores	
Principales Creencias	**Nucleares**	'Tengo que cuidar de mí mismo'. 'Debo ser el agresor, o seré la víctima'. 'Los demás son tontos'. 'Son unos explotadores, y por lo tanto tengo derecho a explotarlos'. 'Soy mejor que los demás'
	Condicionales	'Si no presiono -o manipulo, exploto, ataco- a los demás, nunca obtendré lo que merezco'.
	Instrumentales o de Autoinstrucción	'Pegar primero'. 'Ahora te toca a ti'. 'Tómalo, te lo mereces'.
Características Cognitivas	Pensamiento lineal, concreto e inmediato. Sistema de valoraciones y atribuciones autoprotectivas.	
Estrategias	Ataca, defrauda y roba abiertamente. Engaña, explota y estafa mediante manipulaciones astutas y sutiles.	

CURSO DE TRATAMIENTO

OBJETIVOS		TÉCNICAS
Aumentar la colaboración inicial	**Formular un plan diagnóstico**	Informar explícitamente al paciente acerca de su diagnóstico y establecer condiciones claras para el tratamiento. Subrayar los límites y la conducta que se espera del paciente y del terapeuta.
	Estructurar el tratamiento de manera	Establecer un contrato terapéutico que delimite una duración fija de las sesiones, una política de cancelaciones determinada, reglas acerca de los contactos entre sesiones, los requerimientos de los deberes para casa, y el uso apropiado de un número de teléfono de emergencia. A su vez, debe incluir un número determinado de sesiones, el cambio conductual esperado y los objetivos mutuamente aceptados.
	Prestar colaboración por parte del terapeuta	Estar debidamente formado en el tratamiento de problemas de ira, disociación, deshonestidad y dificultades relacionales. Tener paciencia, perseverancia, empatía y la habilidad de no tomarse las reacciones del paciente de manera personal. Controlar las respuestas frente a las verbalizaciones y conductas hostiles del paciente, evitando volverse peyorativo e inflexible.
Trabajar centrándose en los problemas	**Evitar la negación de los problemas**	Revisar junto al paciente los criterios para el diagnóstico de TAP, comparándolos con su historia personal. Realizar psicoeducación acerca del trastorno y sus consecuencias negativas.
	Explorar con el paciente sus tácticas distractoras o controladoras	Explicar al paciente la necesidad de establecer y mantener una estructura en el trabajo terapéutico -estructura que permite al paciente ser colaborativo, mejorando así la alianza terapéutica-. Asimismo, los deberes o tareas para hacer en casa y el automonitoraje son vías para que el clienta establezca cierto grado de estructura fuera de la sesión.
Identificar los pensamientos distorsionados asociados a conductas desadaptativas		Identificar el conjunto de creencias que le convienen al paciente y lo guían en su conducta, las cuales suelen ser: 'Mis acciones se justifican porque quiero algo o quiero evitar algo'. 'Mis pensamientos y sentimientos son totalmente exactos, simplemente porque se me han ocurrido'. 'Siempre elijo bien'. 'Sé que tengo razón porque siento que está bien lo que hice'. 'Lo que piensen los otros no tiene por qué pesar en mis decisiones, a menos que controlen las consecuencias inmediatas para mí'. 'No habrá consecuencias indeseables, o no me importarán'.
Enseñar habilidades de resolución de problemas		Incluye: adopción de otras perspectivas, control de los impulsos, comunicación efectiva, regulación de las emociones, tolerancia a la frustración, asertividad, pensamiento consecuencial, posponer la acción -para pensar antes- y reestructuración cognitiva.
Disminuir la ira y la impulsividad		Responder a las acciones impulsivas y a la ira del paciente de una forma amable, pero directa ofreciendo una visión alternativa, sistemática y científica que valore las ventajas y desventajas de la conducta. Enseñarles a prestar atención a las claves emocionales y cognitivas internas, evaluar su percepción, decidir si vale la pena responder, identificar posibles respuestas, escoger una respuesta, y responder.
Aumentar la introspección y la conciencia acerca de las diferentes funciones de sus pautas de conducta		Enseñarles a observar sus acciones y suponer cuáles son las funciones y recompensas de determinadas cadenas de conductas. Aprender a escucharse a ellos mismos y a desarrollar las habilidades necesarias para examinar lo que piensan y sienten.
Ampliar la base para las atribuciones y valoraciones	**Incrementar el rango de intereses**	Utilizar una jerarquía ampliada basada en teorías sobre el desarrollo moral y cognitivo, que vaya desde lo que el paciente piensa sólo en términos de su propio interés -nivel inferior- hasta lo que demuestre un interés por los otros y un respeto a sus necesidades y deseos -nivel superior-. El terapeuta va guiando al paciente hacia niveles superiores, alentándole a ensayar soluciones alternativas capaces de modificar sus reglas de vida anteriores.
Tomar decisiones constructivas	**Aprender a ver los problemas como un conjunto de elecciones**	Llevar a cabo una revisión sistemática de la razón 'riesgo-beneficio' de las diferentes elecciones. El ejercicio de 'revisión de elecciones' puede adaptarse o modificarse para atender a las necesidades especiales de cada paciente.

TRASTORNO LÍMITE DE LA PERSONALIDAD

<table>
<tr><th colspan="3">PERFIL COGNITIVO</th></tr>
<tr><td>Concepción de sí mismo</td><td colspan="2">Vulnerable -al rechazo, a la traición, a la dominación-. Carente de un apoyo emocional que necesita. Privado de capacidad y fuerza. Fuera de control. Defectuoso. Imposible de amar. Malo.</td></tr>
<tr><td>Concepción de los demás</td><td colspan="2">Idealizados: capacitados, dignos de amor, perfectos.
Devaluados: controladores, traidores, que abandonan, que rechazan.</td></tr>
<tr><td rowspan="2">Principales Creencias</td><td>Supuestos claves</td><td>'El mundo es peligroso y malo'.
'Soy impotente y vulnerable'. 'Soy intrínsecamente inaceptable'.</td></tr>
<tr><td>Otros supuestos</td><td>'Si me fío de alguien, me maltratará y abandonará'. 'Lo peor que le puede pasar a uno es que lo abandones'. 'Me resulta imposible controlarme a mí mismo'. 'Merezco que me castiguen'. 'No puedo manejarme solo'. 'Necesito alguien en quien confiar'.'No puedo soportar los sentimientos desagradables'.</td></tr>
<tr><td>Caract. Cognitivas</td><td colspan="2">Alto nivel de vigilancia. Desconfianza interpersonal excesiva. Pensamiento dicotómico. Débil sentido de identidad.</td></tr>
<tr><td>Estrategias</td><td colspan="2">Subyugar las propias necesidades para mantener la relación.
Protestar teatralmente, amenazar y ser violento con aquellos que den signos de un posible rechazo.
Aliviarse a través de la autolesión y la conducta autodestructiva.
Intentar el suicidio como una forma de escape.</td></tr>
<tr><th colspan="3">CURSO DE TRATAMIENTO</th></tr>
<tr><th colspan="2">OBJETIVOS</th><th>TÉCNICAS</th></tr>
<tr><td rowspan="3">Aumentar la colaboración inicial</td><td>Desarrollar una relación personal intensa entre terapeuta y paciente</td><td>Enfoque 'reparental': Desarrollar con el paciente un apego seguro como corrección de lo que sucedió en la infancia, dándole medios para contactar con el terapeuta cuando se halle emocionalmente necesitado. Esto les ayuda a rechazar la creencia de que a nadie le importan, y que la expresión de senti-mientos negativos será respondida con castigos y abandono.
Mantener una postura activa y educativa, no moralista, pero capaz de explicar por qué ciertas posturas y concepciones son más sanas que otras.
Práctica confrontacional: (1) Expresar empáticamente lo que el terapeuta piensa acerca de por qué se escoge determinada estrategia disfuncional; (2) confrontar con los efectos negativos de la estrategia y la continuación del trastorno; (3) formular explícitamente una nueva estrategia alternativa funcional para pedirle después al paciente que la siga.</td></tr>
<tr><td>Enseñar a tolerar y aceptar las sensaciones negativas</td><td>Hablarles y escucharles con plena aceptación en sus momentos de crisis.</td></tr>
<tr><td>Prevenir el abandono precoz de la terapia</td><td>Llamar al paciente cuando no se presente a las sesiones, preguntarle qué razones tiene para abandonar y adaptarse a lo que el paciente necesita.</td></tr>
<tr><td>Planificar la terapia ordenando jerárquicamente, según prioridad, cada tema a trabajar</td><td colspan="2">Enfoque jerárquico: planificar la terapia estableciendo una jerarquía de los temas a tratar: 1° temas sobre actitudes que significan una amenaza para la vida; 2° relación terapéutica; 3° temas sobre actitudes que llevan a la autolesión; 4° otros temas, trabajo sobre los esquemas y procesos de trauma.</td></tr>
<tr><td rowspan="2">Manejar las crisis</td><td>Contrarrestar las creencias negativas del paciente acerca de la experiencia de las emociones</td><td>Adoptar, por parte del terapeuta, una postura sosegada y acogedora, escucharle de forma empática, preguntarle cómo se siente y qué interpretación hace de lo que le ocurre, validando sus sentimientos. Asimismo, preguntar directamente por ideas y pensamientos autopunitivos y contrarrestarlos.</td></tr>
<tr><td>Prevenir empeoramientos, autolesiones, abuso de sustancias</td><td>Disponibilidad del terapeuta: Darle al paciente algún medio para comunicarse, permite realizar una intervención temprana y ayudar así a reducir a necesidad de hospitalización. En muchos casos, una escucha empática y hablar con el paciente por teléfono acaba con la crisis en cuestión de minutos.</td></tr>
<tr><td>Establecer límites</td><td colspan="2">Limitar conductas inaceptables como aquellas que traspasan la frontera de la integridad del terapeuta y las acciones peligrosas.
Mencionar las razones de la imposición de límites, refiriéndose siempre a la conducta del paciente y no criticar su carácter.</td></tr>
<tr><td rowspan="3">Técnicas cognitivas</td><td>Desvelar esquemas subyacentes</td><td>Llevar un diario de emociones, pensamientos y conductas para poder comprender las propias emociones, pensamientos y conductas.</td></tr>
<tr><td>Combatir el pensamiento dicotómico</td><td>Aumentar la conciencia del paciente acerca de este estilo de pensamiento y sus implicaciones negativas, y luego realizar ejercicios estructurados para desarrollar un estilo de pensamiento más adaptativo.</td></tr>
<tr><td>Aplicar los esquemas alternativos aprendidos en terapia</td><td>Tarjetas educativas: En una cara se describe el razonamiento patógeno y el esquema activado, lo que causa determinada emoción. En la otra, la visión sana, junto con una manera funcional de manejar los problemas.</td></tr>
<tr><td rowspan="3">Técnicas experienciales</td><td>Modificar los recuerdos infantiles dolorosos en cuanto esquemas</td><td>Reescritura del pasado y 'role play' histórico: Se toma un sentimiento negativo presente como puente mnemónico para llegar a un recuerdo infantil que el paciente imagina con los ojos cerrados, y así intervenir en dicha escena.</td></tr>
<tr><td>Expresar libremente sentimientos y opiniones sobre las figuras punitivas</td><td>Técnica de la silla vacía: Se representan simbólicamente a los cuidadores punitivos o personas amenazadoras del presente para que, terapeuta y/o paciente, puedan expresar lo que sienten y opinan sobre ello.</td></tr>
<tr><td>Aprender a tolerar las emociones negativas</td><td>Técnicas de exposición: Ejercicios de escritura -de una carta al antiguo maltratador- y modelar verbalmente la expresión de la ira.</td></tr>
<tr><td rowspan="2">Técnicas conductuales</td><td>Aprender habilidades interpersonales</td><td>'Role plays' o escenificación: Normalmente, el terapeuta comienza por modelar la expresión de la asertividad.</td></tr>
<tr><td>Reforzar los nuevos esquemas y estrategias</td><td>Experimentar con nueva conducta: Se le pide al paciente que ponga en práctica las nuevas conductas aprendidas</td></tr>
</table>

TRASTORNO HISTRIÓNICO DE LA PERSONALIDAD

PERFIL COGNITIVO		
Concepción de sí mismo	Encantador. Impresionante. Sociable, amistoso y agradable.	
Concepción de los demás	Accesibles a la seducción. Receptivos. Admiradores.	
Principales Creencias	Supuestos subyacentes	Yo soy inadecuado e incapaz de manejar la vida por mí mismo'. 'Si no soy capaz de cuidarme por mí mismo, necesito encontrar el modo de que otros me cuiden'.
	Nucleares	'La gente está para servirme o admirarme'. 'La gente no tiene derecho a negarme lo que me merezco'. 'Puedo guiarme por mis sentimientos'. 'Debo buscar la atención y aprobación de los otros, para asegurarme que satisfagan mis necesidades'. 'Necesito ser amado por todos y siempre-'.
Características Cognitivas	Estilo cognitivo global, difuso y basado en impresiones con independencia del contenido. Pensamiento dicotómico.	
Estrategias	Teatralidad, encanto; estallidos de mal genio; llanto; gestos suicidas.	

CURSO DE TRATAMIENTO		
OBJETIVOS		**TÉCNICAS**
Aumentar la colaboración inicial	**Evitar la creencia de que el terapeuta es un 'salvador omnipotente'**	Pedirle al paciente que desempeñe un rol activo en la terapia. Empleo coherente de la cooperación y el descubrimiento guiado.
	Aprender a ser asertivo y a solucionar problemas	Reforzar al paciente por su capacidad para atender a los detalles en las sesiones de terapia. Enseñarles que prestar atención a los detalles y la asertividad, tiene sus recompensas.
Aprender a enfocar la atención en un problema por vez		Establecer una agenda de temas, permite centrar la atención en temas específicos.
Evitar el abandono de la terapia antes de que se produzcan cambios significativos		Establecer en el tratamiento metas auténticamente significativas e importantes para el paciente y que permitan obtener algunos beneficios más o menos inmediatos, además de ventajas a largo plazo. Es importante que dichas metas sean específicas y concretas y que tengan una significación real para el paciente.
Modificar las emociones desencadenadas por pensamientos disfuncionales	**Adquirir la capacidad de identificar y cuestionar los pensamientos disfuncionales**	Enseñarle a controlar y puntualizar con exactitud pensamientos específicos. Enseñarles a observar los pensamientos por medio de un registro de pensamientos disfuncionales (RPD), especificando los acontecimientos, los pensamientos y los sentimientos en las primeras tres columnas.
Modificar las emociones desencadenadas por pensamientos disfuncionales	**Adquirir la capacidad de identificar y cuestionar los pensamientos disfuncionales**	El RPD puede ser útil para ayudar a los pacientes a no confundir la realidad con sus fantasías extremas, y a juzgar con más exactitud las atribuciones de causa y efecto. Otro método puede ser la realización de experimentos conductuales dramáticos.
	Mejorar la capacidad de autocontrol	Enumeración de las ventajas y las desventajas de las diferentes opciones: Esta técnica conviene introducirla al principio del tratamiento, en cuanto el paciente se resista a mantener la atención sobre el tema acordado. Así, realizando elecciones conscientes dentro de la sesión de terapia mediante el examen de ventajas y desventajas de los diversos cursos de acción, el paciente se prepara para elegir y resolver activamente los problemas también en la vida cotidiana. Entrenamiento en habilidades específicas de resolución de problemas: ya que pocas veces tienen conciencia de las consecuencias antes de actuar, les resulta útil aprender el 'pensamiento de medios y fines'. Este procedimiento supone generar una variedad de soluciones posibles -medios- para un problema, y después evaluar con exactitud las consecuencias probables -fines- de las diversas alternativas.
	Aumentar el sentido de sus necesidades, deseos y de su propia identidad	El entrenamiento asertivo eficaz supone el empleo de métodos cognitivos para ayudarles a prestar atención a lo que quieren y a iniciar el desarrollo de un sentido de identidad, además de los métodos conductuales para enseñarles a comunicarse de un modo más adecuado. Puede ser útil describir el desarrollo del sentido de la identidad simplemente como la suma total de muchas cosas diversas que no sabe acerca de sí mismo y empezar a listar algunas de ellas en la sesión, empezando por ítems frívolos y concretos, como los colores y comidas favoritos, etc.
Mejorar las relaciones interpersonales	**Cuestionar la creencia de que la pérdida de una relación sería desastrosa**	El fantaseo sobre lo que sucedería en realidad si una relación se cortara, y el recuerdo del modo como se sobrevivía antes del comienzo de esa relación, son dos métodos muy útiles para ayudar al paciente a 'descatastrofizar' la idea del rechazo. Otro método útil consiste en idear experimentos conductuales que deliberadamente susciten pequeños 'rechazos', de modo que el paciente pueda realmente practicar sentirse rechazado sin quedar destrozado.
	Aprender a cuestionar su supuesto fundamental: 'Soy inadecuado y para sobrevivir tengo que apoyarme en otros'	La asetividad, la resolución de problemas y los experimentos conductuales, tienen la finalidad de acrecentar la capacidad del paciente para el manejo exitoso y, de tal modo, ayudarlo a experimentar una sensación de aptitud. También suele resultar útil emprender experimentos conductuales pequeños y concretos cuya meta explícita es combatir la idea de que no pueden ser independientes.

TRASTORNO NARCISISTA DE LA PERSONALIDAD

PERFIL COGNITIVO		
Concepción de sí mismo	Especial, único. Merece reglas especiales, es superior. Está por encima de las reglas.	
Concepción de los demás	Inferiores. Admiradores.	
Principales Creencias	**Nucleares**	La creencia nuclear de este trastorno es la de sentirse interior o irrelevante. Esta creencia sólo se activa bajo ciertas circunstancias en que la autoestima se ve amenazada. De otra manera, esta creencia se manifiesta en una actitud compensatoria de superioridad: 'Soy una persona exclusiva y especial' o 'Soy superior a los demás'. Otra creencia compensatoria es: 'Los demás deberían reconocer lo especial que soy'.
	Condicionales	Evidencia de superioridad: Asumen que ciertas circunstancias o hechos tangibles le proporcionan evidencia de que es superior: 'Debo tener éxito para probar mi superioridad'; 'Si no tengo éxito, no valgo nada'. Las relaciones son herramientas: Creen que las personas son objetos o herramientas útiles en la búsqueda de distinción, por lo que gastan mucha energía mental comparándose y juzgando la valía propia y la de los demás. Poder y derechos: Usan el poder que puedan detentar como evidencia de su superioridad: 'Si soy suficientemente poderoso, tendré total confianza en mí mismo y estaré libre de dudas'. Cuidado de la imagen: Creen que 'la imagen lo es todo', porque es la armadura de su autoestima. Por lo tanto, su principal preocupación es comprobar y mantener su imagen. El supuesto de la contribución meritoria: Exageran las necesidades y debilidades de los demás, y subrayan las propias virtudes y méritos: 'Me necesitan'; 'Les estoy haciendo un favor'. El supuesto del afecto negativo: Tienden a exagerar las implicaciones negativas de emociones como tristeza, culpa e indecisión, porque piensan que esos sentimientos son muestras de debilidad personal que van en detrimento de una imagen positiva. Por otro lado, obvian los posibles riesgos asociados a la ira desenfrenada o al autobombo excesivo: 'Si se quiere algo es muy importante conseguirlo' y 'Debo sentirme feliz y cómodo todo el tiempo' y 'Si no soy feliz, nadie puede serlo' y 'Para ser feliz tengo que sentirme especial'.
	Estrategias **Compensatorias**	De confirmación: Buscan la confirmación de su poder e importancia solicitando halagos, comportándose de manera arrogante y condescendiente en relación a las personas que se hallan en posiciones subordinadas: 'Mirad lo importante e influyente que soy!'. De publicidad: Consideran muy importante acumular todo tipo d símbolos de estatus, perfección y poder -ya sea q dan relevancia a las posesiones materiales o a los logros y reconocimiento por parte de los demás-. De protección: El objetivo de estas estrategias es evitar las amenazas a su perfecta imagen personal. Por lo tanto, responde a la retroalimentación o comentarios valorativos de manera violenta, ya sea verbal o físicamente.
Caract. Cognitivas	Alto nivel de vigilancia. Desconfianza interpersonal excesiva. Pensamiento dicotómico. Débil sentido de identidad.	
Estrategias	Usar a los demás. Saltarse las reglas. Manipular. Competir.	

CURSO DE TRATAMIENTO		
OBJETIVOS		**TÉCNICAS**
Aumentar la colaboración inicial		Brindar apoyo al paciente y reforzar sus cualidades, así como ser flexible y variar la estructura del trabajo cuando sea necesario. Formular reflexiones y comentarios favorables para adaptarse al estilo de relación que le gusta al paciente.
Formular objetivos limitados y establecer prioridades		Establecer una lista concreta de problemas basada en las dificultades específicas que presenta el paciente.
Evaluar creencias narcisistas específicas y determinar su intensidad		Se puede utilizar una herramienta estructurada como el Personality Belief Questionnaire -PBQ-.
Mejorar las habilidades para lograr objetivos y revisar el significado del éxito		Pueden utilizarse estrategias de trabajo cognitivas y conductuales: gráficos de queso, experimentos y descubrimiento guiado, analizar costes/beneficios de las conductas, explorar y confrontar ideas subyacentes, etc.
Adquirir empatía y entender los límites y las perspectivas de los demás		Resultan muy útiles los role plays, sobre todo cuando se escenifica la postura de la otra persona. Pedir feedback al paciente durante las sesiones. Se indicará que los juicios y comparaciones son violaciones de lo límites emocionales de las interacciones, y que es más útil, respetuoso y empático hacer descripciones no evaluativas que muevan a la aceptación.
Modificar creencias disfuncionales acerca del yo y las emociones	**Explorar creencias y supuestos de grandiosidad y desarrollar alternativas más adaptativas**	Se pueden utilizar preguntas de descubrimiento personal. Asimismo, puede resultar útil decirles que en ciertas circunstancias y en ciertos ámbitos, hasta las personas más exitosas se replantean sus decisiones. Por ejemplo, cuando se encuentran en callejones sin salida o en el contexto de las relaciones.

TRASTORNO DE LA PERSONALIDAD POR DEPENDENCIA

PERFIL COGNITIVO		
Concepción de sí mismo	Necesitados. Débiles. Desvalidos. Incompetentes.	
Concepción de los demás	Idealizados. Generosos. Brindan apoyo. Competentes.	
Principales Creencias	**Nucleares**	Estoy completamente desamparado'. 'Estoy solo'. 'Para sobrevivir necesito de otra persona, una persona fuerte'. 'Necesito de la gente para sobrevivir, para ser feliz'. 'Necesito de un flujo constante de apoyo, de aliento'.
	Condicionales	Sólo puedo funcionar si tengo acceso a alguien competente'. 'Si me abandonan, moriré'. 'Si no soy amado, siempre seré infeliz'. 'Si fuera más independiente, estaría aislado y solo'.
	Instrumentales o de Autoinstrucción	No ofender al cuidador'. 'Permanecer cerca'. 'Cultivar la relación más intima posible'. 'Ser sumiso para tenerlo atado'.
Características Cognitivas	Pensamiento Dicotómico: con respecto a la independencia. Catastrofismo: ante la pérdida de una relación.	
Estrategias	Establecer una relación de dependencia.	

CURSO DE TRATAMIENTO		
OBJETIVOS		TÉCNICAS
Establecer relación terapéutica	**Conceder cierta dependencia al principio del tratamiento**	Establecer una guía activa y sugerencias prácticas para implicar al paciente en el tratamiento. Evitar el uso de términos como: dependencia, independencia, autonomía para no asustar al paciente al inicio del tratamiento.
	Acrecentar su autoconfianza y sentido de la propia eficacia	Interrogación socrática y el descubrimiento guiado: para que el paciente a explore sus pensamientos y sentimientos respecto del terapeuta y también respecto de otras relaciones.
	Pactar límites claros en la relación	Manejar la situación con cuidado y reflexión, reconociendo los sentimientos del paciente y explicándole que esas reacciones son comunes a la terapia.
Refutar creencias disfuncionales sobre su desvalimiento	**Conceder un papel más activo**	Alentar al paciente a aportar objetivos, sugerencias y deberes para realizar entre sesión y sesión. Confeccionar una agenda sobre los temas a tratar en cada sesión y sus sugerencias.
	Reunir pruebas de su capacidad persona	Jerarquía de toma de decisiones que permita establecer acciones independientes cada vez más difíciles.
	Identificar y evaluar pensamientos automáticos que interfieren en una tarea	Lista de ventajas y desventajas de llevar un registro de pensamientos disfuncionales para reemplazarlos por otros. Realizar experimentos conductuales en las sesiones para cuestionar los pensamientos automáticos disfuncionales.
	Incrementar habilidades generales para mejorar su competencia y promover su autoevaluación	Entrenamiento en asertividad, resolución de problemas, toma de decisiones e interacción social. Enseñar habilidades de autocontrol para que el paciente pueda advertir sus cambios y mejoría.
	Trabajar sobre el miedo de avanzar con rapidez en la terapia	Lista de ventajas y desventajas de cambiar, explorando seriamente las desventajas que supone alcanzar las metas.
Explorar las características cognitivas que presentan estos pacientes para modificarlas	**Abordar el pensamiento dicotómico con respecto a la independencia**	Continuo de independencia para descubrir puntos intermedios entre los dos extremos y sea menos terrorífico avanzar en la terapia en pequeños pasos. Dar ejemplos de cómo los adultos independientes toman medidas para asegurarse ayuda cuando la necesitan.
	Abordar el catastrofismo de que si es más competente será abandonado	Experimentos conductuales en los que se comporte con algo más de capacidad y observe la reacción de los demás. Terapia conyugal o familiar para que los demás se adapten a los cambios del paciente -en el caso de que reaccionen negativamente a la nueva conducta de él-.

TRASTORNO DE LA PERSONALIDAD POR EVITACIÓN

PERFIL COGNITIVO		
Concepción de sí mismo	Vulnerable al desprestigio y al rechazo. Socialmente inepto. Incompetente en el estudio o trabajo.	
Concepción de los demás	Críticos. Desinteresados. Superiores. Despreciativos o despectivos.	
Principales Creencias	**Nucleares**	'no soy bueno'. 'soy indigno'. 'no merezco ser amado'. 'no tolero los sentimientos desagradables'
	Condicionales	'si la gente conociera mi verdadero yo me rechazaría'. 'si emprendo algo nuevo y sin éxito, sería devastador'.
	Instrumentales o de Autoinstrucción	'debo evitar a toda costa las situaciones desagradables'. 'si pienso o siento que algo es desagradable debo tratar de suprimirlo enseguida, distrayéndome o con un remedio rápido'.
Características Cognitivas	Negativismo: interpretan de manera negativa las reacciones neutras o positivas y excluyen cualquier reacción positiva por parte de los demás. Catastrofismo: Creen que si los demás descubren como son, sería devastador y se perdería la relación.	
Estrategias	Evitar las situaciones de evaluación y grupos sociales. Evitar los pensamientos o sentimientos desagradables a través de distracciones.	

CURSO DE TRATAMIENTO		
OBJETIVOS		**TÉCNICAS**
Establecer una relación terapéutica	**Abordar las creencias disfuncionales en cuanto al miedo al rechazo y la desconfianza por parte de los demás.**	Identificar y poner de manifiesto los pensamientos automáticos cuando el paciente demuestra cambios de afecto. Evaluar dichos pensamientos y la retroalimentación terapéutica. Formular preguntas directas sobre el miedo a brindar información.
	Alentar la asertividad	Emplear formularios de retroalimentación para el terapeuta después de cada sesión, basados en una evaluación de procesos y contenidos de la terapia. Roleplaying y evocación guiada de imágenes para la asertividad in vivo.
Ayudar al paciente a superar la evitación cognitiva y emocional	**Identificar y evaluar pensamientos automáticos y emociones negativas que provocan**	Evocación de imágenes para registrar y poner a prueba las creencias que conducen a la evitación. Diagramar la pauta de evitación: explicar bajo el modelo cognitivo el circuito de evitación. Utilizar el descubrimiento guiado para que confirma las desventajas de la evitación.
	Aumentar la tolerancia a la disforia	Descubrimiento guiado: a medida que se profundiza el análisis del diagrama de evitación, evocar poco a poco las emociones negativas y discutir las experiencias que provocan malestar.
Abordar la dificultad del paciente para identificar los pensamientos y realizar las tareas		Evocación de imágenes para el ensayo y planificación de tareas. A medida que la tolerancia a los pensamientos negativos aumenta, enseñar enfoques cognitivos y conductuales para manejar sus estados de ánimo. Registro de pensamientos: utilizar esta técnica para detectar y conectar los pensamientos con sus sentimientos, y conductas de evitación. Considerar terapia familiar para poner a prueba la validez de las creencias y pensamientos sobre los demás.
Entrenar al paciente en habilidades para mejorar las interacciones sociales		Entrenamiento en habilidades sociales: iniciarlo con señales no verbales y avanzar hasta incluir métodos de conversación, asertividad y manejo de conflictos. Brindar instrucciones sobre los métodos de conversación, la asertividad, la sexualidad y el manejo de conflictos.
Abordar la rigidez de los esquemas	**Identificar y evaluar las creencias desadaptativas para ponerlas a prueba**	Poner a prueba sus esquemas: utilizar evocaciones de imágenes y revisiones históricas para comprender la evolución de sus creencias hacia la desadaptación.
	Reemplazar las mismas por nuevas creencias funcionales	Identificar nuevas creencias alternativas que el paciente desea que sean ciertas, mediante un registro de experiencias positivas. Contrastar antiguas y nuevas creencias: Poner a prueba los nuevos esquemas mediante observación guiada y realizar dramatizaciones de incidentes tempranos relacionados con las antiguas creencias evitativas. Orientar al paciente a que advierta y recuerde datos que apoyen las nuevas creencias.

TRASTORNO OBSESIVO-COMPULSIVO DE LA PERSONALIDAD

PERFIL COGNITIVO

Concepción de sí mismo	Responsable. Rinde cuentas. Fastidioso. Competente.	
Concepción de los demás	Irresponsables. Excesivamente despreocupados. Incompetentes. Autocomplacientes	
Principales Creencias	**Nucleares**	'Puedo verme abrumado' 'Soy básicamente desorganizado o estoy desorientado' 'Para sobrevivir necesito orden, sistema y reglas'. 'Los errores son intolerables'.
	Condicionales	Si no soy sistemático todo se derrumbará' 'Cualquier fallo o defecto por mi parte hará que me derrumbe' 'Si yo u otro no nos esforzamos al máximo, fracasaremos' 'Si fallo en esto soy un fracaso como persona' 'Si uno comete un error, se merece ser criticado'.
	Instrumentales o de Autoinstrucción	Debo ser yo quien controla' 'Debo ser cuidadoso y meticuloso' Prácticamente todo tengo que hacerlo a la perfección' 'Debo percatarme de los errores inmediatamente para estar a tiempo de corregirlos'. 'Sé qué es lo mejor'. 'Tienen que hacerlo a mi manera'. 'Los detalles son esenciales'. 'La gente deberá trabajar mejor y esforzarse más' 'Continuamente tengo que empujarme a mí mismo – y empujar a otros-'. 'Hay que criticar a la gente para evitar errores futuros'.
Características Cognitivas	Pensamiento dicotómico: 'Cualquier desviación de lo que está bien, está automáticamente mal'. Pensamiento mágico: 'Uno puede prevenir los desastres/errores preocupándose por ellos'. Si el perfecto curso de la acción no está claro, es mejor no hacer nada.	
Estrategias	Aplicar las reglas. Perfeccionismo. Evaluar y medir el comportamiento de los demás y el suyo propio. Ejercer el máximo control sobre su propia conducta y la de los otros involucrados. 'Deberes', criticar, castigar.	

CURSO DE TRATAMIENTO

OBJETIVOS		TÉCNICAS
Establecer una relación terapéutica	**Tener en cuenta la rigidez, la incomodidad de las emociones para establecer el rapport**	Encarar una terapia de tipo más práctico y centrada en el problema. Evitar establecer demasiado pronto una relación emocional intensa.
Estructurar las sesiones de terapia	**Identificar las áreas – problema que se van a abordar**	Establecer una agenda con prioridades y utilizar técnica de resolución de problemas para trabajar con problemas específicos hasta alcanzar un nivel aceptable.
	Establecer metas definibles y concretas a trabajar	Técnica de 'Programa de actividad semanal': para que el paciente proyecte hora por hora las actividades de la semana ayudándolo a estructurar su vida, siendo más productivo con menor esfuerzo.
Identificar y modificar las creencias disfuncionales subyacentes	**Presentar y explicar el modelo cognitivo al paciente**	Ejemplificar el modelo estando alerta a cualquier cambio afectivo que se produzca en la sesión e indagando en el paciente sus pensamientos. Evocación de imágenes: en la que se experimentan diversas emociones para conectarlas con los pensamientos que probablemente las producen.
	Identificar las dificultades que pueden surgir en la realización de tareas relacionadas con la indecisión y la posposición.	Registro de pensamientos automáticos para relacionar cada dificultad que tiene en realizar una tarea con los problemas generales de la indecisión y la posposición. Experimentos conductuales para poner a prueba esas creencias y reemplazarlas por otras creencias más funcionales.
Trabajar sobre la ansiedad y los síntomas físicos para disminuirlos	**Identificar el síntoma y la o las situaciones en que aparece.**	Utilizar técnicas de relajación y meditación para aliviar el estrés y la tensión muscular.
	Asociar los síntomas y situaciones con los pensamientos automáticos que los provocan	Lista de ventajas y desventajas: con respecto al uso de las técnicas y también a tener una determinada conducta o creencia, para evaluar la disfuncionalidad de las mismas y reemplazarlas por nuevas creencias más adaptativas.
	Ayudar al paciente a controlar su preocupación y rumiación crónicas	Técnicas de distracción o detención del pensamiento: para reorientar sus procesos mentales.
Abordar las distorsiones cognitivas para modificarlas	**Contrarrestar el pensamiento dicotómico y el perfeccionismo**	Encargar al paciente la realización de tareas graduales a partir de la fragmentación de una meta en pasos definibles específicos. Observación semanal entre sesiones mediante un registro de pensamientos disfuncionales para que vea con claridad que gran parte de su ansiedad y el hecho de posponer la tarea se deben a su perfeccionismo.

TRASTORNO PASIVO-AGRESIVO O NEGATIVISTA DE LA PERSONALIDAD

CURSO DE TRATAMIENTO		
Concepción de sí mismo	Autosuficientes. Vulnerables al control de otros.	
Concepción de los demás	Intrusivos. Exigentes. Entrometidos. Controladores. Dominantes. Capaces de aprobar, aceptar y cuidar.	
Principales Creencias	**Nucleares**	'Tengo que hacer las cosas a mi manera'. 'Ser controlados por otros es intolerable'. 'Merezco aprobación por todo lo que he hecho'
	Condicionales	'Si sigo las reglas pierdo mi libertad de acción'. 'Si dependo de alguien, no tengo capacidad de decisión'. 'Si alguien llega a conocerme, seré vulnerable'.
	Instrumentales o de Autoinstrucción	Estaré de acuerdo con los demás sólo superficialmente para evitar el conflicto'. 'No debo seguir los pasos de nadie'. 'Tengo maneras particulares de hacer las cosas que los demás no pueden entender'.
Características Cognitivas	Pensamiento dicotómico: piensan que si obedecen a alguien o siguen sus indicaciones, pierden total libertad e independencia.	
Estrategias	Resistencia pasiva. Sumisión superficial. Eludir, trampear las reglas.	

CURSO DE TRATAMIENTO

OBJETIVOS		TÉCNICAS
Establecer una relación terapéutica colaborativa	**Comprometer al paciente con el proceso terapéutico brindándole cierto control de la terapia**	Otorgar un grado de atención y diligencia adecuado a través de preguntas constantes y retroalimentación terapéutica. Identificación y evaluación de las creencias distorsionadas acerca de que lo controlan aportando evidencia de que el tratamiento es un ejemplo de lo contrario.
	Reducir la ambivalencia manejando adecuadamente la confrontación	Diálogo socrático y análisis coste – beneficio: para la identificación y reducción de la ambivalencia del paciente.
	Evitar las luchas de poder con el paciente	Redacción en colaboración mutua reglas claras acerca de los horarios, el pago y la duración del tratamiento asegurándose de que el paciente entiende y está de acuerdo con cada uno de los puntos establecidos.
Entrenar al paciente en asertividad	**Ayudar al paciente a convertir sus expresiones de ira en algo abierto y más funcional**	Solicitar opiniones al paciente sobre cómo va la terapia y con respecto a algún cambio que quiera realizar.
Favorecer la autoobservación y el autocontrol	**Ayudarlos a tomar conciencia de los cambios afectivos que experimentan en relación a los demás para acceder a sus pensamientos automáticos**	Técnica de automonitoreaje: identificar cómo sienten la ira, los enojos y otros estados emocionales para acceder a las creencias subyacentes. Registro de pensamientos automáticos después de experimentar una emoción intensa para comprender la conexión entre ambos.
	Alentarlos a observar y evaluar sus expresiones de ira	Analizar y registrar la propia postura, inflexiones de voz, lenguaje corporal y visual. Posicionarse más allá de la experiencia propia y observar los signos que muestran que los demás se ofenden y/o pierden el interés en ellos.
Entrenar al paciente en habilidades sociales y comunicación	**Ayudar al paciente a entender los límites que hay en la comunicación**	Confección de lista sobre buenas habilidades de interacción social y determinación de las áreas a desarrollar.
	Enseñar al paciente a expresarse de manera más respetuosa	Role play en la sesión para practicar no elevar el tono de voz, detenerse antes de responder para examinar qué es lo que iba a decir, detenerse para que los demás respondan. Empleo de la misma técnica como tarea fuera de las sesiones.
Gestionar y evaluar la ira	**Explorar y modificar las creencias de 'venganza justa' y de control**	Registro y cuestionamiento de creencias nucleares y su relación con las expresiones emocionales asociadas para reemplazarlas por nuevas creencias más funcionales.
	Evaluar si las respuestas emocionales hacia los demás son asertivas	Técnica de coste – beneficio: ayuda a identificar las ventajas y desventajas de seguir manteniendo o cambiar las reacciones impulsivas.

5. REFERENCIAS DEL CAPÍTULO:

American Psychiatric Association (1995). *Manual diagnóstico y estadístico de los trastornos mentales*. Barcelona: Masson.

Beck, A.T. (1963). Thinking and depression: I. Idiosyncratic content and cognitive distortions. *Archives of General Psychiatry*, 9: 324-344.

Beck, A.T. (1964). Thinking and depression: II. Theory and Therapy. *Archives of General Psychiatry*, 9: 561-171.

Beck, A.T. (1967). *Depression Clinical, Expermiental and Theoretical Aspects*. Nueva York: Harper & Row.

Beck, A.T. (1976). *Cognitive Therapy and the Emotional Disorders*. Nueva York: International Universities Press.

Beck, A.T. & Beck, J.S. (1991). *The Personality Belief Questionnaire*. Bala Cynwys: Beck Institute for Congnitive Therapy and Research.

Beck, A.T., Emery, G. & Greenberg, R.L. (1985). *Anxiety Disorders and Phobias. A Cognitive Perspective*. Nueva York: Basic Books.

Beck, A.T., Freeman, A., Davis, D.D. y otros (2005). *Terapia cognitiva de los trastornos de personalidad*. Buenos Aires: Paidós Ibérica.

Beck, A.T., Rush, A.J., Shaw, B.F. & Emery, G. (1979). *Terapia cognitiva de la depresión*. Bilbao: Desclée de Brouwer.

Beck, J.S. (1995). *Terapia Cognitiva. Conceptos Básicos y Profundización*. Barcelona: Gedisa

Clark, L.A. (1993). *Manual for the Schedule for Nonadaptive and Adaptive Personality*. Mineapolis: University of Minnesota Press.

D'Zurilla, T.J. & Goldfried, M.R. (1971). Problem solving and behavior modification. *Journal of Abnormal Psychology*, 78: 107-126.

First, M.B., Spitzer, R.L., Gibbon, M. & Williams, J.B.W. (1995). The Structured Clinical Interview for DSM-III-R Personality Disorders (SCID-II): Part I. Description. *Journal of Personality Disorders*, 9:83-91.

Gilbert, P. (1989). *Human Nature and Suffering*. Hillsdale: Erlbaum.

Hyler, S.E. & Rieder, R.O. (1987). *PDQ-R: Personality Diagnostic Questionnaire-Revised*. Nueva York: New York State Psychiatric Institute.

Ingram, R.E. & Hollon, S.D. (1986). Cognitive therapy for depresión from an information processing perspective. En R.E. Ingram (comp) *Information prossecing approaches to clinical psychology* (pp. 281-284). Nueva York: Academic Press

Kagan, J. (1989). Temperamental contributions to social behaviour. *American Psychologist*, 44 (4): 668-674.

Klein, M.H., Benjamin, L.S., Rosenfeld, R., Treece, C., Husted, J. & Greist, J.H. (1993). The Wiscoin Personality Disorders Inventory: Development, reliability, and validity. *Journal of Personality Disorders* 7: 285-303.

Livesley, J.R. (1990). *Dimensional Assessment of Personality Pathology –Basic Questionnaire-* (no publicado). University of British Columbia.

Loranger, A.W., Susman, V.L., Oldham, J.M. & Russakoff, L.M. (1987). The Personality Disorder Examination: A preliminary Report. *Journal of Personality Disorders*, 1: 1-13.

Mahoney, M. (1984). Behaviorism, cognitivism, and human change processes. En M. A. Reda & M. Mahoney (comp) *Cognitive prysocherapies: Recent developments in theory, research, and practice* (pp. 3-30). Cambridge: Ballinger.

Millon, T., Millon, C. & Davis, R.D. (1994). *Millon Clinical Multiaxial Inventory-III*. Mineapolis: National Computer Systems.

Pfohl, B., Blum, N., Zimmerman, M. & Stangl, D. (1989). *Structured Interview for DSM-III-R Personality* (SIDP-R). Iowa City: University of Iowa, Department of Psychiatry.

Steiner, J.L., Tebes, J.K., Sledge, W.H. & Walker, M.L. (1995). A comparison of sreuctured clinical interview for DSM-III-R and clinical diagnoses. *Journal of Nervous and Mental Disease, 183* (6): 365-369.

Wellburn, K., Coristine, M., Dagg, P., Pontefract, A. & Jordan, S. (2002). The Schema Questionnaire-Short Form: Factor analysis and relationchip between schamas and symptoms. *Cognitive Therapy and Research*, 4 (26): 519-530.

Young, J.E. (1994). *Cognitive Therapy for Personality Disorders: A Schema-Focused Approach*. Sarasota: Professional Resource Exchange.

Young, J.E. (2002). *Overview of Schema Inventories*. Recuperado de http://www,schematherapy.com/id49.htm.

Young, J.E. & Brown, G. (1994). Schemma Questionnaire. En J.E. Young (comp) *Cognitive therapy for personality disorders: A schema-focused approach* (pp. 63-76). Sarasota: Proffesional Resource Exchange.

2º CAPÍTULO

Aplicación del abordaje terapéutico para los Trastornos de la personalidad de Theodore Millon

1. TEORÍA DE LA PERSONALIDAD

INTRODUCCIÓN

Theodore Millon es un psicólogo estadounidense pionero en la investigación sobre la personalidad. Dirige desde 2001 el Instituto para *Estudios Avanzados sobre la Personalidad y la Psicopatología* en Florida. Fue uno de los primeros en reclamar una psicoterapia personalizada para cada paciente de forma que esta se ajustase a sus intereses individuales y sociales. Se ha mostrado siempre crítico con el uso indiscriminado de los psicofármacos.

El modelo de la personalidad que proponen Millon y sus colaboradores es un tanto complejo y lleno de matices, por lo que resulta difícil resumirlo en unas pocas páginas. Este trabajo se propone ofrecer una visión lo más clara posible de algunos de los aspectos del modelo integrador sobre la personalidad y los trastornos de Theodore Millon. Debe tenerse en cuenta que la postura epistemológica del autor es integracionista. En efecto, su teoría incorpora información basada en evidencias de diferentes ciencias. Argumenta el autor que los teóricos de todas las perspectivas psicológicas intentan definir un grupo claro de atributos etiológicos pero se ven limitados debido a sus respectivas posturas filosóficas y metodológicas. Propone, entonces, una teoría multidimensional, focalizando tanto factores biológicos como psicógenos, tanto un análisis contemporáneo de las patologías como histórico, y recalca que no hay universalidad en los desarrollos de trastornos psicológicos, sino que éstos pueden deberse a múltiples causas. Teniendo en cuenta los conceptos enunciados es que llega a presentar un modelo terapéutico llamado *psicoterapia personológica* (Millon & Davis, 1998), donde intenta adaptar la terapia a las diferentes posibilidades que puede presentar un paciente.

CARACTERÍSTICAS GENERALES DE LA TEORÍA DE LA PERSONALIDAD

Se expondrán en primer lugar algunos puntos centrales de su teoría para concretar en los siguientes apartados sus aportaciones sobre los trastornos de personalidad, evaluación y tratamiento.

LA UTILIZACIÓN DE UNA PERSPECTIVA TEÓRICA INTEGRADORA

Según Cardenal, Sánchez y Tallo (2007) la integración es una de las características básicas del modelo de Millon. La integración, por ejemplo, entre *la estructura y la dinámica de la personalidad* ya que ambas cosas son imprescindibles para entender su funcionamiento, de la misma forma en que es necesaria la integración entre la *perspectiva nomotética*, que se interesa por la generalización, por descubrir cómo se relacionan entre sí las necesidades, los motivos, los mecanismos, los rasgos, los esquemas, las defensas, etc., y la *perspectiva idiográfica* que centra su atención en las diferencias individuales, enfatizando que la personalidad de un individuo es el resultado de una historia única de transacciones entre los factores biológicos y los contextuales. Precisamente, esta concepción integradora se plasma en la propuesta de una serie de estilos o prototipos, que son esencialmente nomotéticos, puesto que incorporan constructos desarrollados por la teoría de la evolución (e.g., las polaridades), a los que Millon añade un rango de subtipos de personalidad, fruto de un estudio más específico e idiográfico (Cardenal et al, 2007).

La integración se establece también entre diferentes *modelos teóricos* y distintas *perspectivas de intervención.* El sustento teórico de Millon consiste en diferentes enfoques que no se limitan sólo a la teoría sino que se orientan a la integración entre diferentes perspectivas de intervención para cada caso concreto. Sin embargo, no debe confundirse dicha integración con el eclecticismo. Si bien este último hace referencia al hecho de extraer de diferentes fuentes para producir un resultado compatible con diferentes enfoques teóricos y que sea aceptable para clínicos de orientación diversa; el enfoque integrador de Millon, en cambio, se caracteriza por la constante búsqueda de coherencia teórica a partir de principios universales comunes a todas las ciencias, lo que le permite no renunciar a lo valioso que posean las tradiciones teóricas anteriores (Cardenal et al, 2007).

Teniendo en cuenta los conceptos enunciados es que Millon y Davis (1998) llegan a presentar un modelo terapéutico llamado psicoterapia personológica, donde intentan adaptar la terapia a las distintas posibilidades que puede presentar un paciente. Para poder operacionalizar esto, proponen realizar un análisis causal e integrado de la patología, teniendo en cuenta la unidad temporal, donde se realice tanto un análisis contemporáneo (i.e., factores del ambiente de ese momento concreto que influyen en el comportamiento del individuo) como un análisis del desarrollo (i.e., secuencia histórica de experiencias pasadas que han provocado el comportamiento actual). Respecto al nivel conceptual, afirman que a la hora de realizar la diagnosis deben tenerse en cuenta tanto los factores biológicos como los psicógenos, que pueden actuar como precipitantes primarios de un trastorno pero que nunca son causas universales sino probables (Figura 1).

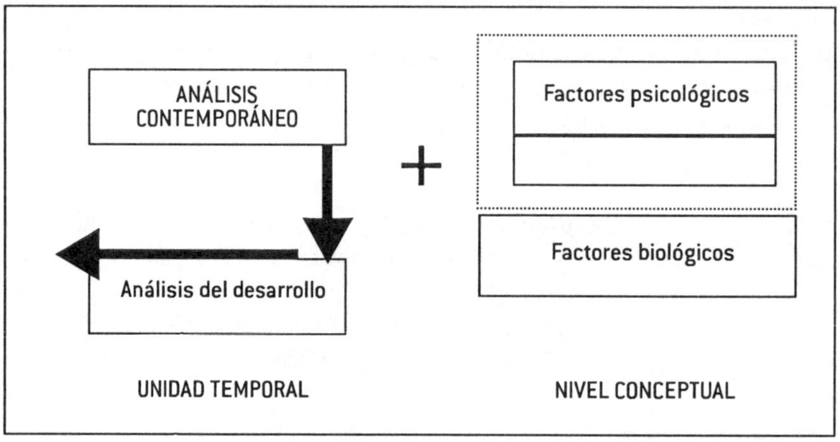

Figura 1: Análisis causal patógeno.

SU INSISTENCIA EN EL CONTINUO 'NORMALIDAD/PATOLOGÍA'

Por otra parte Millon (2002) entiende la 'normalidad' y la 'patología' donde no existe una línea divisoria tajante entre las dos. La personalidad normal y la patológica comparten los mismos principios y mecanismos de desarrollo. La diferencia fundamental es que las personalidades 'normales' son más flexibles cuando se adaptan a su entorno, mientras que las personalidades con trastornos muestran conductas mucho más rígidas y muy poco adaptativas. Así, se entiende por *Personalidad normal* los estilos distintivos de adaptación que resultan eficaces en entornos normales. En cambio, los *Trastornos de Personalidad* son estilos de funcionamiento inadaptados, que pueden atribuirse a deficiencias, desequilibrios o conflictos en la capacidad para relacionarse con el medio habitual. A su vez, estos últimos presentan ciertos criterios que los caracterizan, como ser: (a) una escasa *flexibilidad adaptativa*, que hace referencia a la utilización de estrategias rígidas e inflexibles en la relación con sí mismo y con el ambiente; (b) una tendencia a crear *círculos viciosos*, producto de esas estrategias rígidas e inflexibles, que hacen que el malestar de la persona persista y se intensifique; y (c) *labilidad*, que se manifiesta en la fragilidad y ausencia de elasticidad de la persona ante situaciones que provocan estrés.

Cabe destacar, dentro del *continuum* de normalidad-patología que expone Millon (2002), el concepto de Estilo y la importancia de los Prototipos a la hora de conceptualizar los trastornos de personalidad. Así, a lo largo de una dimensión se diferencian las reacciones y respuestas de la persona, los síndromes que presenta y sus rasgos de personalidad (Strak & Millon, 2007).

INCORPORACIÓN A SU MODELO DE LOS PRINCIPIOS DE LA TEORÍA DE LA EVOLUCIÓN

Los principios que emplea Millon (2002) para explicar la estructura y la dinámica de los Estilos de Personalidad son esencialmente los mismos que empleaba Darwin para detallar sobre el origen de las especies. La Personalidad se concibe, entonces, como el estilo más o menos distintivo de funcionamiento adaptativo que un miembro de una especie presenta para relacionarse con su ambiente y, a su vez, está constituida por constructos bipolares que provienen de cuatro principios evolutivos básicos que se desarrollarán más adelante. Por tanto, la teoría de la evolución es la base que utiliza Millon para definir su modelo de la personalidad desde un nivel estructural y funcional, utilizando polaridades psíquicas (Millon & Grossman, 2006).

FACTORES INFLUYENTES EN LA PERSONALIDAD NORMAL Y PATOLÓGICA

A continuación se exponen los diferentes factores que Millon incorpora en su teoría de la personalidad como influyentes sobre la misma. Debe tenerse presente que la distinción es cualitativa, ya que todos y cada uno forman a la personalidad.

FACTORES BIOLÓGICOS PATÓGENOS

El sistema nervioso de cada individuo selecciona, transforma y registra acontecimientos objetivos de acuerdo con sus diferentes características biológicas. Es por esto que el funcionamiento psicológico normal depende de la integridad de ciertas áreas clave de estructura biológica, y cualquier deterioro en ella puede llegar a provocar una alteración del pensamiento, la emoción y los comportamientos. Sin embargo debe señalarse claramente que, pese a que a los defectos biogénicos pueden producir la discontinuidad con la normalidad, son los determinantes psicológicos y sociales los que casi siempre configuran la forma de su expresión. En efecto, el hecho de aceptar el papel que desempeñan la influencias biógenas no excluye el papel de la experiencia social y del aprendizaje (Millon & Davis, 1998). Los factores biológicos que pueden incidir en el desarrollo de un trastorno son:

– *Herencia:* El papel de la misma se deduce de las correlaciones de rasgo entre miembros de la misma especie. A partir de innumerables anomalías genéticas pueden aparecer defectos en el sistema nervioso central (Plomin, 1990). Resulta importante aclarar que la herencia no es una constante fija sino una disposición que adopta diferentes formas dependiendo de las circunstancias de la educación de un individuo. Es por esto que Millon y Davis (1998) consideran que los factores hereditarios no son necesarios para el desarrollo de la patología de la personalidad, ni son suficientes para fomentar comportamientos patológicos; sino que son fundamento fisiológico para que una persona sea susceptible a la disfunción bajo estrés o para que tienda a aprender comportamientos socialmente inadecuados.

– *Individualidad biofísica:* se refiere a los patrones fisicoquímicos propios de cada individuo que no siguen una regla fija (Williams, 1973). Por ello es muy complicado correlacionar la psicopatología con estructuras neurológicas, ya que la organización del cerebro presenta notables diferencias individuales.

– *Disposiciones temperamentales:* las mismas aluden al patrón distinto de sensibilidad y de tendencias de respuesta con las que cada niño se incorpora al mundo (Michelsson, Rinne & Paajanen, 1990). Estos patrones son, en apariencia, de origen biogenético ya que se manifiestan antes que la experiencia del aprendizaje postnatal pueda influir sobre los niños. Millon y Davis (1998) sostienen que en lugar de preguntarse qué efectos tiene el ambiente sobre el niño, debe preguntarse qué efecto tiene el niño sobre el medio y cuáles de estas consecuencias afectan su desarrollo. Cierto es que los patrones iniciales se modifican muy poco desde la infancia a la niñez, pero esa continuidad no debe atribuirse sólo a las dotaciones innatas. En efecto, las experiencias sucesivas refuerzan las características que aparecen al principio de la vida (Kagan, 1989) debido a que los patrones iniciales de los niños condicionan y transforman al entorno en cierta medida, de manera tal que los seres cercanos se acoplan a dichos patrones intensificando y acentuando los comportamientos iniciales.

La interacción entre las disposiciones biológicas y la experiencia con el entorno es un sistema retroactivo, compuesto por los siguientes procesos (Millon & Davis, 1998).

- Aprendizaje adaptativo: El temperamento del niño en desarrollo refuerza la probabilidad de que predominen ciertos rasgos (Bates, 1980, 1987; Thomas, Chess & Korn, 1982) e influye en la expresión de variables psicológicas (e.g., apego).

- El temperamento de los niños provoca contrarreacciones en los demás que confirman y acentúan las tendencias temperamentales iniciales (Papousek & Papousek, 1975). Un determinante crucial de si un temperamento concreto conducirá a una personalidad patológica parece ser la aceptación de los padres de la individualidad del niño. Si aceptan el temperamento de su hijo y luego modifican sus hábitos de forma adecuada pueden detener lo que de otra forma seria patológico. Por otro parte, si los padres experimentan sentimientos cotidianos de fracaso, frustración, ira y culpa, sin relación con la disposición del niño, contribuirán seguramente a un progresivo empeoramiento de su adaptación.

HISTORIA EXPERIENCIAL PATÓGENA

Millon y Davis (1998) plantean que la psicopatología se desarrolla como resultado de una interacción íntima de fuerzas intraorganísmicas y ambientales que comienzan en el momento de la concepción y continúan a lo largo de toda la vida. Esta interacción es bidireccional, puesto que los determinantes biológicos preceden siempre e influyen en el curso del aprendizaje y, a su vez, son influidos por la experiencia; el orden de efectos puede cambiarse, sobre todo en los estadios tempranos del desarrollo. Esto es importante ya que las experiencias tempranas constituyen un aspecto crucial del desarrollo de los diversos patrones patológicos de la personalidad: si el sustrato biológico inicial no es correspondido con experiencias ambientales favorables, puede alterarse e incluso detenerse. Sobre todo si el organismo es privado de estimulación durante los períodos críticos en los que se produce un crecimiento neuronal rápido.

Millon y Davis (1998) claramente citan que el sustrato biológico innato y las experiencias tempranas, condicionan a la personalidad durante todo el continuo vital:

> [...] no sólo defendemos que los acontecimientos de la infancia son más significativos en la formación de la personalidad que en los acontecimientos posteriores, sino que pensamos también que los comportamientos posteriores están determinados por la experiencia temprana. A pesar de la separación ocasional y dramática del desarrollo, existe una continuidad ordenada y secuencial, generada por mecanismos de autoperpetuación y refuerzo social, que vincula el pasado con el presente (p. 97).

DESARROLLO DE LA PERSONALIDAD

Es importante destacar que la teoría evolutiva de Millon dista mucho de ser lineal. Bajo su óptica, la maduración se refiere a una secuencia del proceso del desarrollo ontogenético, en la que las primeras estructuras del cuerpo, difusas e incipientes, van desplegándose progresivamente en unidades funcionales específicas (Millon & Davis, 1998). Cierto es que la maduración sigue una progresión ordenada, pero la secuencia del desarrollo y el nivel de la composición biológica del organismo dependen de una variedad de estímulos y complementos nutricionales que provienen del ambiente. Entonces, la maduración no avanza según un curso fijo que conduce a un nivel predeterminado, sino que está sujeta a numerosas variaciones que reflejan la influencia del entorno.

MODELO EVOLUTIVO

Este modelo consta de cuatro fases evolutivas: existencia, adaptación, replicación y abstracción, con características ontogenéticas, psicológicas y neurológicas que les son propias. A su vez cada etapa contiene períodos críticos de maduración. Es importante destacar que si no se estimulan de manera adecuada aspectos plásticos de cada etapa ni se realizan las tareas necesarias, la persona puede presentar luego secuelas patológicas (Millon & Davis, 1998). La tabla 1 resume las fases evolutivas mencionadas. Cada fase evolutiva se corresponde con una etapa neuropsicológica distinta. A su vez, cada una de estas etapas están constituidas por constructos bipolares que el sujeto debe ir resolviendo (i.e., logrando un equilibrio entre ambos polos) durante el transcurso de los períodos críticos correspondientes a las mismas.

FASE EVOLUTIVA	FUNCIONES DE SUPERVIVENCIA	ETAPAS NEURO-PSICOLÓGICAS	PROCESO DE DESARROLLO
Existencia	Potenciación de vida placer Preservación de vida dolor	Fijación sensorial	Desarrollo de la confianza en los demás
Adaptación	Modificación ecológica activa Acomodación ecológica pasiva	Autonomía sensoriomotora	Adquisición de la confianza adaptativa
Replicación	Especifica (otros) Especifica (sí mismo)	Identidad puberal genérica	Asimilación de los papeles sexuales
Abstracción	Razonamiento Intelectual (pensamiento) Resonancia afectiva (sentimiento)	Integración intracortical	Equilibrio entre la razón y la emoción

Tabla 1: Etapas evolutivas.

A continuación se exponen las características y consecuencias de posibles desequilibrios en la estimulación en las cuatro etapas del desarrollo neuropsicológico antes mencionadas:

ETAPAS NEUROPSICOLÓGICAS

– Etapa 1: Fijación sensorial:

Etapa evolutiva correspondiente: Existencia.

Polaridad: Potenciación de la vida (placer) - Preservación de la vida (dolor).

Función básica: Elaborar la distinción de objetos que producen placer y dolor. El objetivo de esta etapa es universal y tiene que ver con la conservación de la vida.

Desarrollo de las capacidades sensoriales: Durante el período neonatal no hay diferenciación ya que el organismo posee una percepción burda y no focalizada de placer-dolor que se van refinando paulatinamente a través de los contactos orales y táctiles.

Desarrollo de los comportamientos de apego: El neonato no diferencia entre objetos y personas, sino que las experimenta como estímulos. Como se encuentra desvalido en todas las áreas, depende de los demás para evitar el dolor y satisfacer sus necesidades de placer. Los comportamientos de apego deben considerarse como un intento de restablecimiento de la pérdida de la vida intrauterina que permitía el mantenimiento y la protección de la vida (Bowlby, 1982; Spitz, 1965).

Consecuencias de la infraestimulación: Inferior orientación sensorial y escasa vinculación social, discriminaciones emocionales anómalas, empobrecimiento de todas las reacciones afectivas, típico del patrón esquizoide.

Consecuencias de la hiperestimulación: Comportamientos de búsqueda constante de placer en la adultez.

– Etapa 2: Autonomía sensoriomotora:

Etapa evolutiva correspondiente: Adaptación.

Polaridad: Acomodación ecológica (pasiva) - Modificación ecológica (activa)

Función básica: pasar de la existencia del Sí mismo a la existencia dentro del entorno, aprende un modo de adaptación, que puede ser una tendencia a adaptarse más activamente, explorando su entorno y modificándolo; o una tendencia pasiva, acomodándose a cualquier entorno.

Desarrollo de las capacidades sensoriomotoras: La base neuronal se encuentra más desarrollada, la actividad muscular más refinada y existen más habilidades sensoriales que permiten adquisiciones complejas y refinadas.

Desarrollo de comportamientos autónomos: Hay más competencia, los niños buscan más aventuras. Surgen conflictos relacionados al control de esfínteres, interacción paterno-filial, autoridad poder y autonomía. De todas maneras, a menos que las restricciones ambientales, las limitaciones biológicas o la inseguridad en la vinculación retrasen las capacidades sensoriomotoras de los niños en crecimiento, dichas capacidades les permiten desempeñar un papel más activo en el afrontamiento de su entorno.

Consecuencias de la infraestimulación: Retraso de las funciones de la autonomía y la iniciativa (i.e. estado pasivo). Sujetos dependientes, tímidos y sumisos.

Consecuencias de la sobreestimulación: Sujetos irresponsables e indisciplinados, con dificultad para relacionarse con otros -Patrón egocéntrico y arrogancia social-.

– Etapa 3: Identidad puberal genérica:

Etapa evolutiva correspondiente: Replicación.

Polaridad prolongación de la especie (otros) - propagación individual (Sí mismo).

Función básica: Instauración de características sexuales propias del género: impulsos sexuales, características anatómicas, cambio de voz e incorporación de aspectos similares a los adultos. Psíquicamente se observan irregularidades del estado del ánimo, cambios en la autoimagen y búsqueda de identidad.

Consecuencias de la infraestimulación: Sujetos 'dirigidos hacia los demás' que vacilan en cada momento y cambian irregularmente sus acciones (i.e. Trastorno límite de la personalidad).

Consecuencias de la sobreestimulación: Dependencia excesiva en los hábitos y valores de propio grupo sexual -por temor de ser rechazados o ridiculizados-. Aumento del narcisismo, adopción de postura de arrogancia, rebelión y desafío a las normas sociales.

– Etapa 4: Integración intracortical:

Etapa evolutiva correspondiente: Abstracción.

Polaridad razonamiento intelectual (pensamiento) - resonancia afectiva (sentimiento).

Función básica: Integración coherente de las estructuras de pensamiento y las de sentimiento. Su falta de integración puede llevar a un trastorno de personalidad grave (e.g. límite o esquizotípico).

Consecuencia de la infraestimulación: Pueden convertirse en víctimas de su propio crecimiento, incapaces de orientar sus impulsos mediante la expresión de deseo.

Consecuencia de la sobreestimulación: Poca posibilidad de diseñar su propio destino careciendo de espontaneidad, flexibilidad y creatividad.

Así, estas polaridades básicas se emplean para construir un sistema de clasificación de los trastornos de personalidad basada en la teoría, y se intenta comprender la estructura y los estilos de personalidad con referencia a modos de adaptación ecológica o de estrategia reproductiva deficientes, desequilibrados o conflictivos.

EVOLUCIÓN Y TRASTORNOS DE LA PERSONALIDAD

Se considera que los trastornos de personalidad son constructos evolutivos que se derivan de las tareas fundamentales a las que todos los organismos se enfrentan, es decir, la lucha por existir o sobrevivir -placer versus dolor-, el esfuerzo de adaptarse al medio o de adaptar el medio a uno mismo -pasivo versus activo-, y la estrategia del organismo para invertir de forma reproductiva en los parientes o descendientes frente a una inversión en su propia replicación personal -otros versus self/uno mismo-. (Millon & Davis, 1998). Al hablar de 'constructo', se hace referencia a que el trastorno de personalidad no es más que un punto ideal o de referencia con el que se compara a las personas reales, es decir, no son enfermedades sino entidades objetivadas que sirven a propósitos conceptuales y que se realizan a varios grados y de distintas maneras en diferentes personas. Algunas personalidades exhiben un equilibrio razonable en uno u otro de los pares de polaridad, pero no todos los individuos caen en el centro, por supuesto. Las diferencias individuales en los rasgos de personalidad y el estilo global reflejan las posiciones relativas y los puntos fuertes de cada componente de la polaridad. Así, las personalidades deficientes en placer carecen de la capacidad de experimentar o representar ciertos aspectos de las tres polaridades (e.g., la personalidad esquizoide tiene un substrato defectuoso tanto para el placer como para el dolor); las personalidades interpersonalmente desequilibradas tienden fuertemente a uno u otro extremo de una polaridad (e.g., la persona con rasgos dependientes se orienta casi exclusivamente hacia la recepción del apoyo y el cuidado de los otros); y Las personalidades con conflictos intrapsíquicos presentan ambivalencia y se debaten entre extremos opuestos de una bipolaridad (e.g., el estilo negativista vacila entre cumplir las expectativas de los demás y hacer lo que él o ella quisiera) (Millon & Davis, 1998; Millon & Grossman, 2005).

Finalmente, a título de resumen, la figura 2 representa un ejemplo de perfil de personalidad según las tres primeras polaridades. Las personas inician la vida con una predisposición genética/constitucional que se sitúa en un punto determinado entre el límite superior y el inferior, en los que esta predisposición puede expresarse en las personas. El rectángulo de puntos, la banda externa para cada persona, indica el posible potencial constitucional de ese individuo. El rectángulo de líneas continuas indica el nivel real que este potencial alcanza a partir de las experiencias a lo largo de la vida.

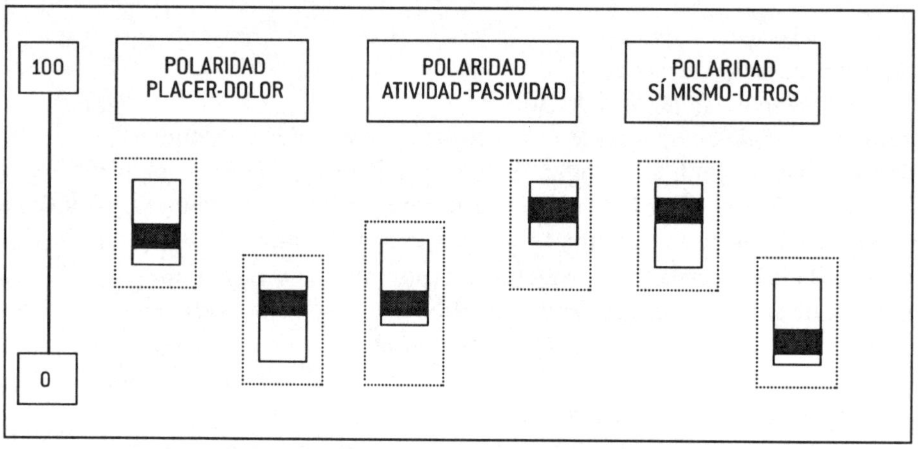

Figura 2: Polaridad de las disposiciones: constitucionales, adquiridas y presentes (Millon & Davis, 1998).

El rectángulo de color negro representa el efecto de las circunstancias vitales actuales que limitan además el intervalo en el que normalmente se manifiesta la disposición real. En terapia, sólo podemos interceder en aumentar o disminuir este último aspecto, a no ser que la persona esté transitando por un período crítico del desarrollo. En ese caso, se podría trabajar con el entorno para conseguir un nivel real -en formación- más amplio.

2. EVALUACIÓN DE LA PERSONALIDAD

LA EVALUACIÓN DE LA PERSONALIDAD Y SUS ÁMBITOS

Privados de una base teórica sólida y oficialmente reconocida, los trastornos de la personalidad no pueden reducirse a una lista de indicadores definitivos a los que acudir sistemáticamente con fines diagnósticos. Aunque cada teoría es lógicamente coherente, hace diferentes presunciones sobre la naturaleza de la personalidad y explora su ámbito de forma distinta. Por ello hay tantas definiciones implícitas de las teorías como opiniones diferentes sobre cómo deben ser aplicadas metodológicamente y en el tratamiento de cada caso individual.

La evaluación es un procedimiento estandarizado en el que algunas cuestiones son explícitamente formuladas por una parte y respondidas de la misma forma por la otra. Es importante destacar que no es necesario que exista un trastorno de la personalidad para que su evaluación sea útil. Por consiguiente, una evaluación minuciosa de la personalidad es siempre un buen punto de partida para la terapia, tanto para un paciente ambulatorio como para una persona normal que desea mejorar su funcionamiento; motivo por el cual el diagnóstico no consiste -como en el modelo médico- en la determinación de la presencia o ausencia de un proceso de enfermedad y la especificación de su manifestación única en cada paciente. Por el contrario, consiste en determinar si el individuo representa un 'caso' y cómo está ligada su personalidad al significado de los problemas pasados y presentes. En otras palabras, el diagnóstico debe ser enfocado como una cuestión más pragmática que ontológica. "El problema de evaluación de la personalidad es que existe menos acuerdo sobre lo que está evaluando que sobre cómo hacerlo; de lo que se desprende que hay muy poco acuerdo sobre el ámbito que abarca" (Rorer, 1990, p. 693).

Una evaluación verdaderamente integral requiere evaluar la personalidad de forma sistemática a partir de múltiples esferas personológicas. A su vez, estas características diagnósticas son distinguibles según el nivel de los datos que representan: comportamental, fenomenológico, intrapsíquico y biofísico. Esta diferenciación refleja las cuatro orientaciones históricas que caracterizan el estudio de la psicopatología. Los ámbitos clínicos más específicos pueden ser organizados sistemáticamente de forma similar a las distinciones efectuadas en la esfera biológica, es decir, dividiéndolos en atributos estructurales y funcionales. La anatomía investiga estructuras internas y básicamente permanentes que sirven, por ejemplo, como sustrato para el estado de ánimo y la memoria. Su contrapartida funcional, la fisiología, se ocupa de los procesos que regulan las dinámicas internas y las transacciones externas. Las estructuras y las funciones configuran conjuntamente el organismo como una entidad coherente.

Al realizar una evaluación orientada al ámbito, los clínicos deben tener cuidado en no referirse a cada uno de ellos como si fuera una entidad concreta e independiente, ya que caerían en un operacionismo superficial y reduccionista. Cada ámbito es una parte legítima, aunque altamente contextualizada, de un todo integrado (Figura 3).

ÁMBITOS FUNCIONALES	ÁMBITOS ESTRUCTURALES
Nivel comportamental Comportamiento observable Comportamiento interpersonal	
Nivel fenomenológico Estilo cognitivo	Representaciones objetales Autoimagen
Nivel intrapsíquico Mecanismos de defensa	Organización morfológica
Nivel biofísico	Estado de ánimo/temperamento

Tabla 2. Ámbitos funcionales y estructurales de la personalidad.

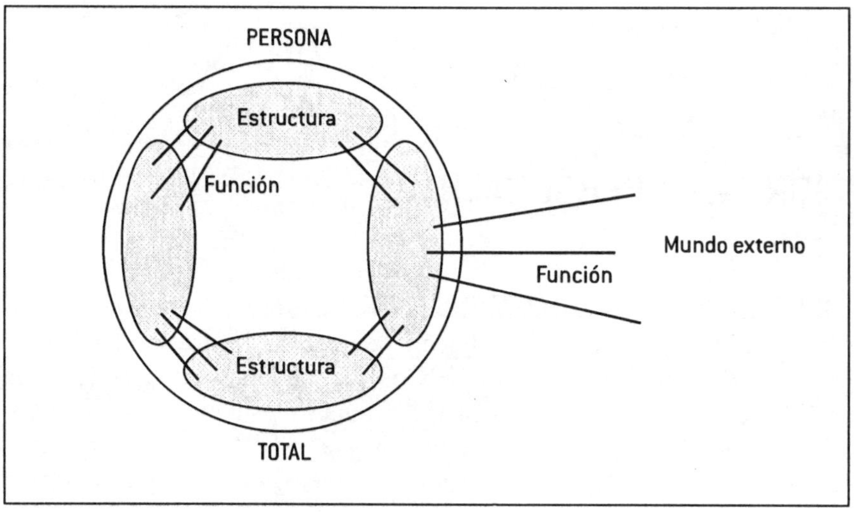

Figura 3. Cada ámbito estructural y funcional está contextualizado como parte de la persona total.

ÁMBITOS FUNCIONALES

Dentro de cada nivel de datos se encuentran distintos ámbitos funcionales y estructurales. Los primeros representan 'formas de expresión de acciones reguladoras': comportamientos, conducta social, procesos cognitivos y mecanismos inconscientes que guían, ajustan, transforman, coordinan, equilibran, descargan y controlan el intercambio entre la vida interna y la externa. Los segundos, en cambio, representan un entramado profundo y relativamente estable de recuerdos, actitudes, necesidades, temores y conflictos, que dirigen la experiencia y transforman la naturaleza de los acontecimientos vitales, cerrando el organismo a nuevas interpretaciones del mundo para limitar así la posibilidad de expresión de las que son predominantes. A continuación se presentan los distintos ámbitos personológicos que corresponden a cada nivel:

NIVEL COMPORTAMENTAL

En este nivel tenemos el comportamiento observable: (i.e., conducta manifiesta que se registra mediante la observación de qué hace y cómo actúa el paciente) y el comportamiento interpersonal (i.e., el estilo de relacionarse con los demás, las acciones del paciente que inciden en los demás, las actitudes que subyacen, los métodos que utiliza para relacionarse o la forma de afrontar las tensiones y los conflictos sociales).

NIVEL FENOMENOLÓGICO

Aquí tenemos el estilo cognitivo (i.e., la manera que tiene el paciente de centrar y distribuir su atención, codificar y procesar la información, organizar sus pensamientos, hacer atribuciones y comunicar reacciones e ideas a los demás), la autoimagen (i.e., percepción de sí mismo como objeto, es decir, como un distinto, omnipresente e identificable 'Yo sujeto' o 'Yo objeto') y las representaciones objetales (i.e., las experiencias recientes significativas con los demás dejan una huella interna, un residuo estructural, compuesto de recuerdos, actitudes y afectos).

NIVEL INTRAPSÍQUICO

En este nivel nos encontramos con los tan conocidos mecanismos de defensa y con la organización morfológica (i.e., la arquitectura global que sirve de estructura para el interior psíquico del individuo, se refiere a la fuerza estructural, a la congruencia interior y a la eficacia funcional del sistema de personalidad).

NIVEL BIOFÍSICO

Aquí tenemos el estado de ánimo o temperamento (i.e., carácter predominante del afecto de una persona y la intensidad y frecuencia con que se expresa).

Si bien todos los ámbitos son necesarios para el mantenimiento de la integridad funcional-estructural del organismo, los individuos se diferencian con respecto a los ámbitos que promueven con mayor frecuencia, no solo en cuanto al grado de aproximación a cada prototipo de personalidad, sino también en cuanto al grado en que cada imperativo de cada ámbito configura su comportamiento global. Por este motivo el objetivo de una evaluación es poner de manifiesto los imperativos que perpetúan la limitación, la rigidez y la consiguiente inflexibilidad adaptativa del sistema. Una vez identificados, el propósito de la terapia será flexibilizar estos imperativos, permitiendo que el sistema asuma una mayor variedad de estados o comportamientos adaptativos en distintas situaciones.

INSTRUMENTOS DE EVALUACIÓN

Se dividen en cuatro amplias categorías: cuestionarios autoinformados, entrevistas estructurados, lista de síntomas y técnicas proyectivas.

CUESTIONARIOS AUTOINFORMADOS

Se dividen en dos subcategorías principales:

1°. Los instrumentos diseñados específicamente para la identificación de los trastornos de la personalidad y que utilizan escalas específicas para todos o la mayoría de los trastornos de la personalidad: pueden basarse en una teoría, ser producto de datos empíricos -factoriales- o fundarse en la observación clínica. Cada uno de ellos posee escalas distintas e independientes para identificar la presencia y magnitud de cada uno de los trastornos del Eje II del DSM. Entre ellos se mencionan los siguientes:

– Cuestionario clínico multiaxial de Millon-III (MCMI-III): Se considera un instrumento psicodinámico objetivo, ya que está compuesto y se administra de forma estructurada y estandarizada, pero se interpreta a partir del examen de la interacción entre las puntuaciones de las escalas y de la extracción de relaciones clínicamente establecidas entre los procesos cognitivos, el comportamiento interpersonal y las fuerzas intrapsíquicas. El actual MCMI-III se compone de 24 escalas clínicas y 3 escalas 'de corrección' útiles para el análisis interpretativo. Estos tres índices correctores -Sinceridad, Deseabilidad y Falsedad o Encubrimiento- tienen como propósito identificar la tendencia a la distorsión que caracteriza a los pacientes y sus respuestas. Las dos primeras secciones clínicas incluyen las escalas de todos los trastornos de la personalidad del Eje II del DSM-III-R y del DSM-IV. Las siguientes dos secciones cubren varios de los síndromes del Eje I más prevalentes, desde los más moderados hasta los más graves. Dicha división entre escalas para trastornos de la personalidad y escalas para síndromes clínicos pretende que las interpretaciones del MCMI sean congruentes con la lógica multiaxial del DSM.

– Escalas de trastornos de la personalidad del MMPI: No es tanto un test estandarizado como un conjunto estandarizado de ítems que pertenece a la psicología misma. A lo largo de la historia del MMPI se han derivado cientos de escalas de personalidad. Morey, Waugh y Blashfield (1985) construyeron un grupo de escalas del MMPI con el fin de representar los 11 trastornos de la personalidad del DSM-III.

– Cuestionario diagnóstico de la personalidad-revisado (PDQ-R): A diferencia de otros cuestionarios autoinformados, el PDQ-R -Personality diagnostic questionnaire- es una traducción directa de los criterios diagnósticos del DSM-III-R para los trastornos de la personalidad en formato de respuesta verdadero-falso. El cuestionario actual consta de 152 preguntas y se completa en una media hora. Cabe destacar que este es una actualización del original PDQ derivado de los criterios del DSM-III, por lo que se espera que próximamente aparezca una versión relativa al DSM-IV.

– Otros cuestionarios autoinformados: Aunque hay otros cuestionarios ateóricos que parecen prometedores, hasta el momento carecen de apoyo empírico en la literatura. Un instrumento nuevo y bien diseñado es el Cuestionario para la evaluación dimensional de la patología de la personalidad Básica -DAPP-BQ-, elaborada por Livesley (1987) y colaboradores (Livesley, Jackson & Schroeder, 1992; Livesley & Schroeder, 1990; Schroeder, Wormworth & Livesley, 1994). Tras una extensa revisión literaria, Livesley recogió una lista inicial de descriptores para cada uno de los diagnósticos del DSM-III-R. Con el fin de identificar las características prototípicas de cada diagnóstico, se utilizaron juicios consensuados de clínicos de renombre. Fundamentándose en tales características se elaboraron categorías de rasgos y finalmente se definió cada trastorno mediante una agrupación de rasgos.Otro instrumento cuya validez ha sido estudiada por Coolidge y Mervin (1992), es el Cuestionario Coolidge para el Eje II -CATI-. El CATI -Coolidge Axis II Inventory- se compone de 200 ítems puntuados desde 'claramente falso' hasta 'claramente cierto' en una escala de 4 puntos. Los 13 trastornos de la personalidad del DSM-III-R se reflejan en escalas que se componen desde 45 ítems para el Trastorno antisocial hasta 16 para los Trastornos por evitación, sádico y autodestructivo. También incluye una escala de validez de 3 ítems, una escala de deseabilidad social de 21 ítems y un índice de ajuste de 71 ítems que mide la psicopatología global, y tres escalas para el Eje I: ansiedad, depresión y disfunción cerebral.

– El Cuestionario para la evaluación de la personalidad (Morey, 1992) consiste en 34 ítems que conforman 2 escalas de validez, 11 escalas clínicas, 5 escalas de tratamiento y 2 escalas interpersonales. Sin embargo, sólo 3 escalas, Paranoia, características Límite y características Antisociales, evalúan directamente una patología de la personalidad.

2º. Los instrumentos diseñados para identificar los principios o conceptos subyacentes que ayudan a caracterizar los factores, las dimensiones o las polaridades que son sustratos fundamentales para la aparición de los trastornos de la personalidad. Los cuestionarios siguientes no valoran directamente los trastornos de la personalidad o bien disponen de una serie de escalas secundarias, en las que dichos trastornos suelen puntuar. Una excepción es el complejo SNAP, que une métodos factoriales con un modelo temperamental, a la vez que contiene ítems que son adaptación de los criterios DSM.

– Neuroticismo, extroversión, apertura a la experiencia-cuestionario de la personalidad-revisado (NEO-PI-R): Los 'cinco grandes' se basan originalmente en una orientación léxica que asume que la mayoría de las características de personalidad social e interpersonalmente relevantes están tipificadas en el lenguaje común (John, 1990). Esta concepción se deriva de una particular filosofía de la ciencia -empirismo-, una particular metodología -análisis factorial-, un particular modelo estructural -rasgos dimensionales y una particular tradición investigadora -la denominada hipótesis léxica-. Los defensores de este modelo postulan que cualquier tipo de personalidad, normal o anormal, puede ser conceptualizada a partir de cinco amplias dimensiones ortogonales. Evalúa lo que Costa y McCrae (1985) denominan Neuroticismo, Extroversión, Apertura a la experiencia, Afiliación y Responsabilidad. El cuestionario actual tiene sus orígenes en el cuestionario NEO del año 1978, que abarcaba tres de los cinco factores y 18 facetas. Costa y McCrae (1992) afrontan la cuestión alcance-fidelidad presentando seis facetas para cada uno de los cinco factores, lo que arroja un total de 30 escalas de faceta. Estas facetas fueron 'escogidas para representar constructos frecuentemente identificados en la literatura psicológica que matizan cada uno de los cinco ámbitos' (Costa & McCrae, 1992, pág. 39).

– Cuestionario de personalidad adaptativa y no adaptativa (SNAP): El SNAP -Schule of Nonadaptative and Adaptative Personality- es un instrumento de 375 ítems verdadero-falso, diseñado según la más pura tradición inductiva. Sus dictados se basan fundamentalmente en el modelo teórico del temperamento formulado por Tellegan (1982, 1985). El SNAP aporta información relevante sobre la personalidad a un nivel más fundamental que el de los diagnósticos del Eje II; sin embargo, el instrumento conlleva la formulación de derivados de los trastornos de la personalidad a partir de sus 15 escalas de rasgos.

– Cuestionario tridimensional de la personalidad (TPQ): Guiado por supuestos neurobiológicos, Cloninger (1987) ha especificado tres dimensiones comportamentales -Búsqueda de novedad, Evitación del daño y Dependencia de la recompensa- que subyacen en los estilos de aprendizaje e interacciones adaptativas de los rasgos y trastornos de la personalidad. Cada dimensión superordenada se compone de 30-34 ítems que, a su vez, se agrupan en cuatro dimensiones bipolares de orden inferior. Es importante destacar que la utilidad clínica del TPQ se verá más comprometida por la inaccesibilidad de la comunidad de profesionales de la salud al conocimiento neuroquímico y neuroanatómico, que por la productividad y coherencia de su esquema teórico. Los recientes cambios teóricos, en especial la adición de cuatro dimensiones más (Cloninger, Svracic & Przybeck, 1993), obligarán a la realización de modificaciones sustanciales del instrumento original como medida del modelo conceptual.

– Cuestionario de trastornos de la personalidad de Wisconsin (WISPI): Una de las más innovadoras aproximaciones a la teoría interpersonal es el Análisis estructural del comportamiento social de Benjamin (1974, 1984). Este modelo conceptualiza el comportamiento interpersonal en función de dos dimensiones -filiación e interdependencia- a través de tres ámbitos -focalización en los otros, focalización en el Sí mismo, focalización intra-Sí mismo-, que describen respectivamente los comportamientos parentales, filiales e introyectados. Klein, Benjamin, Rosenfeld, Treece, Husted y Griest (1993) utilizaron este modelo para dirigir la elaboración del WIPSI -Wisconsin Personality Disorders Inventory- de 360 ítems. A través de varias etapas, se elaboraron descriptores interpersonales para cada uno de los criterios del Eje II del DSM-III y DSM-III-R. Una característica importante de estos ítems es su formulación en fases, que permiten que adopten un carácter funcional para la visión subjetiva del mundo de cada trastorno.

– Índice de estilos de personalidad de Millon (MIPS): Mientras el MCMI está diseñado para identificar más o menos directamente los trastornos de la personalidad, el MIPS -Millon Index of Personality Styles- (Millon & cols., 1994), igual que el NEO-PI y los instrumentos tridimensionales ya descritos, centra sus escalas en los constructos que subyacen a estos tipos de personalidad, es decir, en los elementos latentes que se combinan para conformarlos. Este inventario de 180 ítems, más útil para la valoración de estilos que para la detección de trastornos de la personalidad, agrupa sus escalas con el fin de corresponderse directamente con la teoría de Millon en que se basa (Millon, 1990).

ENTREVISTAS ESTRUCTURADAS

Debido a su aparente rigor científico se las ha empleado para seleccionar las muestras en las que deben ser evaluados los autoinformes y las escalas. No obstante, requieren un tiempo de administración prolongado y personal especializado, lo que no facilita el estudio de la validez convergente y discriminante de las distintas entrevistas.

a. Cuestionarios multitrastorno y multirrasgo: Los primeras se basan en la identificación directa de los trastornos de la personalidad. En cambio los segundos, intentan poner de manifiesto características y rasgos. Se describirán estas entrevistas estructuradas, empezando con las orientadas principalmente a los trastornos, avanzando hacia las que intentan valorar más un ámbito o un rasgo como base para la identificación de los trastornos.

– Entrevista clínica estructurada para el DSM (SCID): La SCID -Structural Clinical Interview for DSM- fue elaborada originalmente por Spitzer y Williams (1986) como una entrevista semiestructurada de 120 ítems que suele incluirse en el amplio cuestionario diseñado para evaluar la mayoría de los síndromes del Eje I. Formulada según el lenguaje utilizado en los criterios diagnósticos del DSM, los clínicos utilizan una escala de medición de 4 puntos para valorar el grado de presencia de las características examinadas. La entrevista empieza con un grupo introductorio de preguntas generales y continúa evaluando sucesivamente cada uno de los trastornos de la personalidad mediante 8 a 12 síntomas. Una de las ventajas del SCID es su rápida administración en comparación con la mayoría de las entrevistas estructuradas.

– Entrevista estructurada para trastornos de la personalidad del DSM-revisada (SIDP-R): La SIDP-R -Structured Interview for DSM Personality Disorders-Revised- (Pfohl, Blum, Zimmerman & Stangl, 1989) es una entrevista semiestructurada de unos 160 ítems adaptada a los criterios del DSM-III-R. Las preguntas se agrupan en 17 partes temáticas, no en función de los trastornos DSM de la personalidad. Se indica a los pacientes que respondan en función de 'su forma de ser habitual'.

– Cuestionario de evaluación de la personalidad (PAS): El PAS -Personality Assessment Schedule- fue elaborado por Tyrer y Alexander antes de la aparición del DSM-III en 1980. Incluye 24 rasgos: pesimismo, inutilidad, optimismo, labilidad, ansiedad, suspicacia, introspección, timidez, reserva, sensibilidad, vulnerabilidad, irritabilidad, impulsividad, agresividad, insensibilidad, irresponsabilidad, infantilismo, carencia de recursos, dependencia, sumisión, responsabilidad, rigidez, excentricidad e hipocondría. Estos rasgos no se evalúan únicamente en base a su contenido, sino que se puntúan en una escala de 9 puntos -0 a 8- según el grado de dominancia del rasgo sobre la vida de la persona y su influencia disfuncional.

– Examen de los trastornos de la personalidad-revisado (PDE-R): El PDE-R -Personality Disorders Examination-Revised- fue elaborado durante varios años por Loranger, Susman, Oldham y Russakoff (1987) como medio para la exploración de la fenomenología y las experiencias vitales relevantes para el diagnóstico de los trastornos de la personalidad. Las puntuaciones dimensionales se obtienen en base a unos 328 ítems agrupados bajo seis encabezamientos: Trabajo, Sí mismo, Relaciones interpersonales, Afectos, Juicio de la realidad y Control de los impulsos. Una pregunta abierta introduce cada ámbito y el sujeto puede elaborar cuanto quiera la respuesta.

b. Entrevistas para un único trastorno: A diferencia de los instrumentos de entrevista que comprendían todos los trastornos/rasgos de la personalidad, los siguientes se centran en un único trastorno.

– Entrevista diagnóstica para el Trastorno límite -revisada (DIB-R): La DIB -Diagnostic Interview for Borderlines-Revised- fue elaborada para conseguir fiabilidad diagnóstica en el caso específico de los pacientes límite (Gunderson, Kolb & Austin, 1981) en base a la revisión de Gunderson y Singer (1975) de las características límite. Se evalúan cinco ámbitos de contenido relacionados con la concepción del Trastorno límite de la personalidad de estos autores: adaptación social, patrones de acción impulsivos, afectos, psicosis y relaciones interpersonales. Se obtienen puntuaciones de escala entre 0 y 2 para cada parte, que luego se suman para obtener una puntuación diagnóstica global que oscila entre 0 y 10. Las puntuaciones iguales o superiores a 7 se consideran indicativas de la presencia de Trastorno límite de la personalidad. La entrevista entera requiere aproximadamente 1 hora de administración. Sin embargo, la DIB presenta el inconveniente de haber sido diseñada antes de la elaboración de la personalidad límite en el DSM-III y pretende confirmar la concepción que tienen los autores sobre el constructo, no la presentada en el DSM.

– Entrevista diagnóstica para el narcisismo (DIN): La DIN -Diagnostic Interview for Narcissism- es una entrevista diagnóstica semiestructurada elaborada por Gunderson, Ronningstam y Bodkin (1990), la segunda diseñada para la evaluación integral de un trastorno determinado. Todas las preguntas se puntúan en una escala de 2 a 0, y la administración de la entrevista requiere unos 45 minutos.

La DIN evalúa el narcisismo mediante cinco ámbitos de contenido: grandiosidad, relaciones interpersonales, reactividad, afectos y estados de ánimo y adaptación social y moral.

- Entrevista diagnóstica para la personalidad depresiva (DIDP): La DIDP -Diagnostic Interview for Depressive Personality- se ha mostrado profética, ya que es previa a la inclusión de la categoría personalidad depresiva en el DSM-IV (Phillips, Gunderson, Hirschfeld & Smith, 1990). En estas entrevistas priman las características afectivas y las cognitivas. Entre las categorías principales se incluyen: tranquilo, tenso, infeliz, negativista y no asertivo. Las puntuaciones deben identificar 'rasgos habituales y duraderos característicos y presentes en la mayor parte de la vida adulta del paciente'. Esta distinción es fundamental para no confundir la personalidad depresiva con el Trastorno depresivo mayor.

LISTA DE SÍNTOMAS

Se sitúan en la frontera entre las escalas de personalidad y los criterios diagnósticos. Puesto que estas listas pretenden ayudar a la decisión tipológica o diagnóstica, sus ítems suelen presentar un nivel de inferencia superior al de los cuestionarios autoinformados. Se expondrán tres listas de especial relevancia: la primera es una lista de adjetivos, la segunda evalúa varios de los ámbitos clínicos, y la tercera se centra en un único trastorno.

- Lista de adjetivos de la personalidad (PACL): El contenido inicial de la PACL -Personality Adjetive Checklist- era de 405 ítems y el formato utilizado era una lista de adjetivos. La estructura de la lista se diseñó para reflejar los ocho tipos clínicos básicos inicialmente formulados por la teoría de los trastornos de la personalidad de Millon (1969,1981). Aunque originalmente se basaban en una concepción de la patología de la personalidad, los ítems de la PACL fueron seleccionados para ayudar a identificar los tipos de personalidad situados en la zona de la normalidad. No obstante, el instrumento también es también apropiado para poblaciones clínicas.

- Lista diagnóstica de la personalidad de Millon (MPDC): La MPDC -Millon Personality Diagnostic Checklist- agrupa varias categorías que ofrecen al diagnosticador la posibilidad de evaluar sistemáticamente a los pacientes en cinco de los ocho ámbitos clínicos en los que se expresan los trastornos: comportamiento observable, comportamiento interpersonal, estilo cognitivo, autoimagen y estado de ánimo/temperamento. Los otros tres ámbitos sin demasiado difíciles e inferenciales para que el clínico pueda utilizarlos con un mínimo de fiabilidad y comodidad. Los 14 trastornos de la personalidad están representados en los ítems que conforman la MPDC. La forma actual consiste en 160 frases de demostrado poder predictivo y discriminante en relación con los juicios clínicos de los diagnósticos de la personalidad del Eje II.

- Lista para la psicopatía-revisada (PCL-R): La PCL -Psychopathy Checklist- original fue publicada en 1980 por Hare como representación del constructo psicopatía concebido por Cleckley (1941). En la última revisión se eliminaron dos ítems con el fin de representar mejor la estructura bifactorial de orden superior del instrumento (Hare, 1985), lo que da lugar al PCL-R -Psychopathy Checklist-Revised-.

TÉCNICAS PROYECTIVAS

Al igual que las entrevistas y los autoinformes, las técnicas proyectivas son necesarias pero no suficientes para una evaluación completa de la personalidad. Al igual que los restantes procedimientos de medición, las técnicas proyectivas tienen ventajas e inconvenientes. Una ventaja es la integración: pretenden acceder a aspectos más inferenciales e inconcientes de la personalidad. Una desventaja es la precisión: en la medida en que la interpretación psicológica del material proyectivo esté influido por factores inconcientes del clínico, el resultado final puede ser tan proyectivo como el material interpretado. La poca estructuración que hace que las técnicas proyectivas sean tan clínicamente ricas, provoca, en contrapartida, ambigüedades interpretativas que son inherentemente problemáticas. Los instrumentos de autoinformes no presentan estos inconvenientes, aunque tienen otras limitaciones. Los pacientes sólo pueden informar sobre lo que son concientes, o al menos sobre lo que creen conocer. Por consiguiente, las técnicas proyectivas desempeñan un papel importante y complementario por abarcar aquellos aspectos de la personalidad desconocidos para el Sí mismo y probablemente también para los demás.

Finalmente es importante destacar que, aunque existen guías para la valoración de ciertos aspectos de la personalidad mediante métodos proyectivos, no hay todavía un método sistemático e integrador de evaluación directa de los constructos de personalidad del DSM mediante técnicas proyectivas.

3. TERAPIA DE LA PERSONALIDAD: PLANTEAMIENTO, MODALIDADES E INTEGRACIÓN Y GUÍAS ESQUEMATIZADAS

Millon y Davis (1998) plantean que en la actualidad el desarrollo de la psicoterapia está atravesado de manera intensa por el factor económico, lo que ha dado lugar y fundamenta el éxito de las terapias breves. Ese intento por parte de los terapeutas de hacer más con menos -más pacientes en menor tiempo- implica, lamentablemente, dedicar menor tiempo a pensar en la dinámica de los problemas que presentan los mismos. Sin embargo, los trastornos de la personalidad parecen oponerse a la tendencia vigente de las terapias breves ya que al ser duraderos y profundos, se muestran impermeables al tratamiento, y esto se debe a que la personalidad se presenta como el sistema inmune de la psique resistiendo la influencia de fuerzas externas y, ante la presencia de un trastorno desarrollado y perpetuado a lo largo de los años, el terapeuta tiene que lidiar con una fuerza penetrante de la patología que absorbe sus recursos terapéuticos, llevándolo de manera casi inevitable al pesimismo y la deserción.

Como han referido anteriormente Millon y Davis (1998), el trastorno de personalidad no es más que un punto ideal o de referencia con el que se compara a las personas reales. No refiere a una enfermedad sino a entidades objetivadas que sirven a propósitos conceptuales y se realizan a varios grados y de distintas maneras en diferentes personas Por esta razón, el foco de atención de la terapia se centra en un individuo real en vez de hacerlo en un trastorno prototipo de la personalidad.

TERAPIA ECLÉCTICA E INTEGRACIONISMO

Millon y Davis (1998) parten de la tesis del desarrollo promulgada por Heinz Werner (1940) para establecer una comparación entre el desarrollo de los organismos y el de la psicoterapia. Werner (1940) planteaba que el desarrollo tiene lugar en tres etapas: desde la relativamente global, a la relativamente diferenciada, llegando a una totalidad integrada. Sin embargo en el desarrollo de la clínica no sucede lo mismo ya que, por un lado, el psicoanálisis demostró que solamente era una teoría parcial de la naturaleza humana rodeada de ambigüedades terminológicas y, por otro lado, surgieron otras filosofías de la naturaleza humana, como el conductismo y posteriormente la psicología cognitiva tan dominantes y excluyentes como el psicoanálisis. Estas corrientes han dado lugar a diversas escuelas de intervención y técnicas derivadas de la teoría, y su fuerte consistencia interna ha provocado que se desarrollen de manera aislada criticando y acarreando dudas sobre la solidez de las demás perspectivas. Esto provoca a su vez que estas corrientes caigan en un dogmatismo, cerrándose a las demás y considerándose a sí mismas como la verdad, sin buscar una base común fuera de cada perspectiva en la que se podría alcanzar cierto acercamiento.

El eclecticismo aparece, entonces, como una reacción a esta situación. A diferencia de las escuelas se considera ateórico, estimulando la investigación de todo tipo, dedicándose a lo que realmente ayuda a la gente. Millon y Davis (1998) sostienen que existen dos condiciones previas para el eclecticismo: la necesidad práctica, y una medida de ignorancia en cuanto a la naturaleza o el tema al alcance de la mano. Por este motivo no se lo considera un movimiento teórico sino que se constituye como un medio o un recurso para afrontar la complejidad hasta que aparezcan mejores esquemas y más integracionistas. El eclecticismo técnico enfatiza la eficacia de las técnicas, es decir, prescribe aquellas técnicas que han demostrado resultados positivos, independientemente de las teorías que las generaron, y sin necesidad de confirmarlas o validarlas (Beutler & Clarkin, 1990; Lazarus, 1968, 1981). Al separar la técnica de la teoría se evita el problema de gran cantidad de teorías y terapias de la naturaleza humana. Sin embargo esta independencia representaría una ciencia clínica que no está integrada específicamente debido a que no habría una base científica sobre la que elegir una técnica concreta, excepto la base empírica.

Retomando la tesis de Heinz Werner (1940) sobre el desarrollo, si este parte de lo relativamente global a lo relativamente diferenciado, entonces puede ser posible buscar los puntos comunes entre las muchas escuelas diferenciadas para identificar las características nucleares que conducen a una psicoterapia satisfactoria. Sin embargo, el problema de este enfoque de factores comunes es que es insuficientemente teórico, constituye una base necesaria pero no suficiente para una psicoterapia científica. Establecen una especie de mínimo común denominador de las psicoterapias en el convirtiéndose en el mínimo de lo que debe ser una buena terapia, pero no el máximo de lo que debe lograr. Por este motivo, y a partir de las insuficiencias que presentan los modelos anteriormente mencionados, es que Millon y Davis (1998) consideran necesario y pertinente establecer una filosofía integracionista ya que es la única de la cual puede derivar una forma de terapia de la personalidad, que además sea teóricamente lógica y esto se debe a que las propiedades estructurales de la personalidad son integracionistas y se incluyen de manera específica en la definición del propio constructo. El integracionismo, a diferencia del eclecticismo, pone énfasis en considerar a la personalidad como una Gestalt, como un sistema sintetizado y esencial cuyos problemas representan la unión intrincadamente conectada de comportamientos, cogniciones, procesos intrapsíquicos que fluyen a través de bucles de feedback y encadenamientos desplegados en serie que emergen en diferentes momentos en configuraciones dinámicas y cambiantes. Cada área funcional y estructural está contextualizada y entrelazada con las demás, de manera que conforman un solo organismo. De igual manera, la psicoterapia integracionista se concebiría como una configuración de estrategias y tácticas, en las que cada técnica de intervención se selecciona no solo según su eficacia para resolver síntomas patológicos concretos, sino también por su contribución en la constelación global de procedimientos terapéuticos. Resulta importante aclarar que la integración natural está en la persona, no en las modalidades o tácticas. Proviene de las dinámicas y el carácter entrelazado de los rasgos y síntomas del paciente. Es por esto que la tarea del terapeuta no consiste en ver de qué manera puede combinar los modelos discordantes de las técnicas terapéuticas, sino unir el patrón integracionista que caracteriza a cada paciente y seleccionar los objetivos y las tácticas de tratamiento que representen de manera óptima dicho patrón. De esta manera los terapeutas integracionistas tendrán conocimiento de la persona desde el principio, de que las partes y los contextos adoptan diferentes significados, y que son necesarias diferentes intervenciones en términos de las personas que se producen (Millon & Davis, 1998).

La personalidad es concebida como un todo integrado por áreas estructurales y funcionales. En cada individuo los elementos de cada una de estas áreas limitan lo que puede existir en otra parte de las áreas, configurando de esta manera la individualidad. Sin embargo, al considerarse a la personalidad como un sistema determinado por la configuración e interacción de sus componentes cuya función primaria es la hemostasia, la misma resulta de carácter opuesto a la finalidad de la terapia que es el cambio. Ante las intervenciones del terapeuta, el equilibrio interno de la persona puede verse amenazado, suscitando ansiedad en aquellas situaciones en que el funcionamiento de la personalidad está suprimido temporalmente, de manera que su repertorio de respuestas tiene más probabilidad de ampliarse. En este sentido, la psicoterapia personológica ha propuesto dos elementos conceptuales e interdependientes de la terapia para captar las características que definen los sistemas de personalidad y facilitar el cambio: las tácticas centradas en la sesión y las estrategias a largo plazo (Millon & Davis, 1998). Las primeras hacen referencia a lo que ocurre en una sesión concreta con una intervención particular, es decir, cada sesión de terapia debe centrarse en un objetivo evitando que la terapia pase a ser difusa y genere una resistencia pasiva por parte del paciente. Las segundas refieren al plan general o diseño que guía el curso de toda la terapia. Uno utiliza tácticas de modalidad a corto plazo para cumplir con objetivos estratégicos a largo plazo.

Por otra parte, Millon y Davis (1998) establecen que si la terapia y la teoría han de formar parte de una única ciencia clínica integrada, los diagnósticos deben indicar ciertas formas de intervención, basadas en la teoría. Pero estos criterios diagnósticos deben permitir una comprensión esencial e integracionista del paciente a través de todas las áreas en las que se expresa la personalidad y que puedan existir como limitaciones del funcionamiento del sistema. Por este motivo es que los autores establecen que los criterios del DSM-IV no pueden cumplir esta función ya que dejan sin evaluar muchos sistemas que pueden operar de manera insidiosa en la perpetuación de la patología personal, y consideran como inadecuado a cualquier enfoque que vincule los criterios taxonóicos a la intervención sin una guía teórica que abarque la naturaleza funcional-estructural de la personalidad. En cambio, consideran que la teoría evolucionista que se propone sobre las polaridades dolor-placer, actividad-pasividad, sí mismo-otros y pensamiento-sentimiento, proporcionan un marco de trabajo y un punto de partida que resultan útiles para lograr una concepción terapéutica, un medio para comprender al paciente y una guía para planificar las estrategias y tácticas de tratamiento (Millon & Davis, 1998). Partiendo de esta postulación, se establecen como principales estrategias a largo plazo u objetivos terapéuticos de la terapia personológica, los siguientes:

1°. Establecer un equilibrio de las polaridades, apuntando a lograr equilibrios orientados hacia la polaridad, teniendo en cuenta la polaridad patológica que se va a modificar y la secuencia de tratamiento integracionista. De esta manera, los objetivos de la terapia serán superar las dificultades para el placer en el caso de los evitadores, esquizoides y depresivos; restablecer las alteraciones de la polaridad con problemas interpersonales de los dependientes, histriónicos, narcisistas y antisociales; anular los conflictos intrapsíquicos de los sádicos, compulsivos, masoquistas y negativistas, y reconstruir los déficits estructurales en las personalidades esquizotípicas, límite y paranoide.

2°. Oposición a las tendencias de perpetuación, apuntando a prevenir la continúa intensificación de los hábitos y actitudes patológicas establecidas de los pacientes, ya que las experiencias del pasado no sólo definen el presente sino que perturban y transforman insidiosamente los consecuentes acontecimientos vitales.

Las tácticas, por su parte, se diferencian de las estrategias en que se eligen y se llevan a cabo de una manera más centrada en las áreas personológicas y no a nivel de polaridad. Millon y Davis (1998) presentan en base a cada área, los modos de tratamiento que funcionan para modificarlas:

1°. Intervenciones de la modalidad biofísica, consideran importante la utilización de sustancias farmacológicas debido a que los cambios neurohormonales, las alteraciones del equilibrio neurofisiológico y su significado psicológico inciden en el estado de ánimo, generando cambios de energía y temperamento que alteran las competencias de afrontamiento de los pacientes y los lleva a modificar su autoimagen.

2°. Intervenciones de la modalidad comportamental, son con respecto al comportamiento observable, pueden resultar útiles las terapias de acto expresivo, donde se implementen métodos como el contracondicionamiento, aprendizaje aversivo, abstinencia del refuerzo y refuerzo selectivo positivo. En cuanto al comportamiento interpersonal, pueden emplearse tanto la psicoterapia interpersonal, como la psicoterapia de grupo.

3°. Intervenciones de la modalidad fenomenológica, en cuanto a los estilos cognitivos, pueden utilizarse la terapia racional emotiva propuesta por Ellis (1958, 1962, 1967) y la terapia de Beck, Wright, Newman y Liese (1993). Para el abordaje de la autoimagen, pueden emplearse el enfoque terapéutico centrado en el cliente (Rogers, 1959) y el enfoque existencial (Binswanger, 1942, 1947; Boss, 1957, 1963; Frankl, 1955, 1966; May et al, 1958; May & Van Kaam, 1963). Finalmente, en lo referido a las representaciones objetales, resultan útiles aquellos enfoques que utilicen la transferencia como núcleo de los conflictos infantiles y las defensas del paciente para poder intentar quebrar las resistencias a través de la interpretación de su base racional e infantil.

4°. Intervenciones de la modalidad intrapsíquica, aquí las técnicas que pueden utilizarse son el análisis de la transferencia, análisis del sueño, asociación libre e hipnoterapia.

TÉCNICAS DE LA MODALIDAD INTEGRACIONISTA

Como los trastornos de la personalidad son considerados como constructos multioperacionales y sistémicos y no exclusivamente comportamentales y cognitivos, su naturaleza intrínsecamente configuracional y el carácter interactivo de las áreas personológicas requiere un modelo integracionista que supera al eclecticismo.

En la terapia personológica, deberían integrarse las estrategias y las tácticas, eligiendo las tácticas que cumplieran con los objetivos del tratamiento y las estrategias sobre la base de lo que alcanzarían realmente las tácticas. Para lograrlos, Millon (1988, 1990) recomienda algunos procedimientos integradores que consisten en las llamadas parejas potenciadas que hacen referencia a la combinación simultánea de métodos de tratamiento para superar características problemáticas que pueden ser refractarias a las técnicas administradas por separado. Estas combinaciones ejercen presión y fuerza en busca del cambio de manera que la terapia se convierte en multioperacional como el propio trastorno. Otro de los procedimientos son las llamadas secuencias catalíticas cuyo objetivo es intentar planificar el orden en el que se llevan a cabo tratamientos coordinados. Comprenden medidas terapéuticas y series de tiempo que optimizan el impacto de los cambios, que serían menos eficaces si la combinación secuencial estuviera dispuesta de otra manera.

Si bien lo anteriormente expuesto hace referencia a los trastornos de personalidad en general, no debe pasarse por alto que cada trastorno se caracteriza por un perfil de interrelaciones en el que intervienen los conceptos anteriormente desarrollados. Por ello, Millon y Davis (1998) consideran que es posible dar un perfil distintivo de cada uno de los trastornos. Resulta de gran importancia tener en cuenta la tipología formulada por los autores sobre cada trastorno y, a su vez, realizar una adecuada conceptualización de cada caso en particular, identificando los componentes que hacen al perfil.

TRASTORNO ESQUIZOIDE DE LA PERSONALIDAD

Características de la polaridad	Placer-Dolor	No solamente parecen carecer de la capacidad para experimentar placer o dolor, sino que no obtienen ninguna gratificación de sí mismos ni de los demás.
	Actividad-Pasividad	La estrategia de afrontamiento para relacionarse con el entorno es pasivamente desvinculada.
Tendencias a la perpetuación		El estilo que han desarrollado para afrontar los acontecimientos cotidianos es, en gran medida, el resultado del déficit de sus capacidades intrínsecas para experimentar emociones dolorosas y placenteras. El impacto de los aprendizajes tempranos puede haber debilitado aún más estas disposiciones a lo largo del tiempo, perpetuando los patrones desadaptativos iniciales.
ÁMBITOS PERSONOLÓGICOS		
Nivel comportamental	Expresivamente impasible	Estado emocional inerte, sin vida, carente de energía y vitalidad, inmóvil, aburrido, inanimado, con déficit de activación y de expresividad y espontaneidad motoras.
	Interpersonalmente desvinculado	Indiferente, rara vez responde a las acciones y sentimientos de otros, escoge actividades solitarias; está aislado y no se inmiscuye; no desea ni disfruta de relaciones íntimas, prefiere un segundo plano.
Nivel fenomenológico	Cognitivamente empobrecido	Parece deficiente y muestra procesos de pensamiento vagos y confusos, en especial en cuanto a temas sociales; comunicaciones con los demás descentradas, sin propósito o intensión, irracionales.
	Autoimagen autosuficiente	Muestra una mínima introspección y conciencia de Sí mismo; parece impermeable a las implicaciones personales y emocionales de la vida social cotidiana y se muestra indiferente al halago o a la crítica.
	Representaciones objetales escasas	Las representaciones internalizadas son pocas y mal articuladas, construidas a partir de percepciones y recuerdos de las pasadas relaciones con los demás. Poca interacción entre impulsos y conflictos.
Nivel intrapsíquico	Mecanismo de intelectualización	Describe las experiencias interpersonales y afectivas ciñéndose a los hechos, de forma abstracta, impersonal o mecánica; sólo presta atención a los aspectos objetivos y formales de los acontecimientos emocionales y sociales
	Organización indiferenciada	Presenta una barrera interna, escasa motivación para satisfacer sus necesidades y una presión mínima para defenderse o resolver conflictos internos, o afrontar las demandas externas.
Nivel biofísico	Estado de ánimo apático	Emocionalmente inexcitable; intrínseca falta de sentimientos; es frío y monótono, con débiles necesidades y deseos sexuales; incapaz de sentir la mayoría de los afectos: placer, tristeza o ira.
CURSO DEL TRATAMIENTO		
OBJETIVOS		**TÉCNICAS**
Establecer una relación terapéutica		Ofrecer un entorno de apoyo y seguridad.
Restablecimiento del equilibrio entre polaridades	Placer-Dolor: Promover el extremo de placer.	Intervención psicofarmacológica inicial si es necesario para aumentar la activación y contrarrestar la incapacidad para experimentar afecto o energía. Modificación cognitiva de las quejas sobre su incapacidad para disfrutar de las actividades y relaciones interpersonales.
	Actividad-Pasividad: Fortalecer el extremo activo.	Analizar pensamientos automáticos y la creencia de que están mejor solos y que las relaciones no pueden ofrecerles nada. Examinar aspectos funcionales y disfuncionales del aislamiento
Contrarrestar la tendencia a la perpetuación	Contrarrestar el comportamiento impasible.	Analizar su repertorio comportamental e historia de refuerzos para identificar los que están activados. Proporcionarle oportunidades para la interacción social que permitirán una mejora en las relaciones interpersonales.
	Incrementar la conciencia perceptiva.	Registro de pensamientos disfuncionales para ayudarle a tomar conciencia de sus emociones, sus variaciones de intensidad y cómo estas afectan a sus interacciones con los demás.
	Estimular la actividad social.	Mantenerlo en alguna actividad social que evite que quede absorbido en sus fantasías y pierda el contacto con la realidad.
Modificar las principales disfunciones	Activar el estado de ánimo apático	Reorientar la inatención emocional que mantiene hacia los demás para aumentar su afectividad y promover experiencias sociales más variadas
	Desarrollar la implicación interpersonal.	Entrenamiento en habilidades sociales para ampliar su repertorio de comportamientos interpersonales. Jerarquía de objetivos de interacción social que esté dispuesto a alcanzar. Utilizar técnicas de imitación y la exposición in vivo.
	Alterar las cogniciones empobrecidas.	Registro diario de creencias distorsionadas y tareas para casa que permitan identificar los pensamientos automáticos y contrarrestar la ambigüedad de sus vagas cogniciones.

TRASTORNO DE LA PERSONALIDAD POR EVITACIÓN

Características de las polaridades	Placer-Dolor	Notable dificultad para experimentar placer. Evitan las experiencias humillantes, pero esto impide también las interacciones en las que podría encontrar afecto. El distanciamiento de las situaciones que temen potencia que casi nunca expresen sus deseos, incluso en relaciones que no son íntimas.
Tendencia a la perpetuación		El distanciamiento social que emplean como mecanismo de defensa contra la experimentación de rechazo y crítica asegura que no experimenten ninguna interacción social que les ayude a poner en duda estas expectativas tan pesimistas.
	ÁMBITOS PERSONOLÓGICOS	
Nivel Comportamental	**Expresivamente ansioso**	Estado de inquietud y desasosiego, temor, vacilación e impaciencia; reacciona exageradamente a acontecimientos inocuos y los juzga con ansiedad como ridículo, crítica y desaprobación.
	Interpersonalmente aversivo	Se distancian de actividades que implican relaciones personales íntimas. Larga historia de panansiedad y desconfianza social. Busca aceptación, pero no tiene voluntad de implicarse a menos que tenga certeza de que gustará.
Nivel Fenomenológico	**Cognitivamente distraído**	Rastrea constantemente el ambiente para identificar amenazas potenciales y está preocupado por pensamientos y observaciones irrelevantes e intrusos.
	Autoimagen alienada	Se ve a sí mismo socialmente inepto, inadecuado e inferior, lo que justifica el aislamiento y el rechazo de los demás. Se siente poco atractivo, devalúa sus logros y refiere una sensación persistente de soledad y vacío.
	Representaciones objetales vejatorias	Representaciones internalizadas compuestas por reacciones intensas y conflictivas de recuerdos sobre relaciones tempranas problemáticas. Limitaciones para experimentar o recordar gratificaciones, canalizar las necesidades, controlar impulsos y resolver conflictos.
Nivel Intrapsíquico	**Mecanismo de la Fantasía**	Depende de la imaginación para conseguir la satisfacción de las necesidades, el establecimiento de la confianza y la resolución de los conflictos.
	Organización frágil	Un complejo precario de emociones tortuosas que dependen casi exclusivamente de una única modalidad para su resolución y liberación: evitación, escape y fantasía.
Nivel Biofísico	**Estado de ánimo angustiado**	Describe tensión, tristeza e ira constantes y confusas; vacila entre el deseo de afecto, el miedo a la burla el malestar y el embotamiento afectivo.
	CURSO DEL TRATAMIENTO	
OBJETIVOS		**TÉCNICAS**
Establecimiento de una relación terapéutica	**Contrarrestar el temor al rechazo**	Ofrecer empatía y apoyo. Brindar un ambiente terapéutico protector que le permita expresarse de manera franca abierta.
Restablecimiento del equilibrio entre las polaridades	**Placer-Dolor: Centrarse de forma activa en los estímulos agradables.**	Organizar la secuencia de tareas para la casa, procurando que vaya paso a paso. Esto permite tener una actitud más activa y procurarse más gratificaciones.
Contrarrestar la tendencia a la perpetuación	**Invertir el aislamiento social.**	Autoobservación de conducta de aislamiento para aclarar su inclinación a evitar a ciertas personas o situaciones.
	Disminuir la suspicacia/comportamiento temeroso.	Jerarquía de las situaciones ansiógenas según el grado. Exposición in vivo para ayudarlo a reaccionar con menos temor ante situaciones percibidas como amenazadoras.
	Moderar la hipersensibilidad perceptiva.	Comprender su experiencia de humillación y malestar. Confrontar situaciones temidas y explorar fantasías que provocan ansiedad. Intervención psicofarmacológica si el temor al rechazo es un riesgo de abandono del tratamiento.
	Desarmar la interferencia cognitiva intencionada.	Reestructuración cognitiva para descubrir los pensamientos erróneos que inciden en sus conductas disfuncionales.
Modificar las principales disfunciones de ámbito	**Ajustar la autoimagen alienada.**	Registro de creencias disfuncionales sobre sí mismo. Experimentos conductuales para evaluar la validez de sus esquemas cognitivos y desarrollar otros más adaptativos.
	Corregir el comportamiento interpersonal aversivo.	Entrenamiento en habilidades sociales para mejorar la asertividad y la fluidez comportamental. Técnicas grupales para exponerlo a personas desconocidas en un ambiente de aceptación y pueda superar las situaciones sociales embarazosas.
	Sustituir los objetos humillantes.	Analizar recuerdos de la infancia para clarificar las raíces del trastorno. Técnicas cognitivo-conductuales para crear esquemas mentales más realistas de las relaciones y reemplazar representaciones objetales humillantes.

TRASTORNO DEPRESIVO DE LA PERSONALIDAD

Características de la polaridad	Placer-Dolor	Aceptan el dolor como inevitable lo que justifica su inamovilidad y su indefensión. Presentan un sentimiento de desesperanza sobre cómo mejorar la calidad de vida.
	Actividad-Pasividad	En lugar de actuar se resigna a soportar la carga de su suerte. Responden con poco entusiasmo a las oportunidades de mejorar su posición, afianzando su desesperanza y sus autorreproches.
Tendencias a la perpetuación		Como creen que carecen de capacidad para mejorar, manifiestan un comportamiento interpersonal de indefensión y desvalimiento por lo que se vuelvan a los demás con la esperanza de salvarse.
ÁMBITOS PERSONOLÓGICOS		
Nivel comportamental	Expresivamente abatido	Su aspecto y estado transmiten un desamparo irremediable, sombrío, desolado, abatido y decaído, desesperanza y desdicha.
	Interpersonalmente indefenso	Debido al sentimiento de vulnerabilidad y desprotección, suplicará a los demás que le cuiden y protejan, temen el abandono y la deserción; exigirá afecto y dedicación.
Nivel fenomenológico	Cognitivamente pesimista	Actitudes derrotistas, espera siempre lo peor; se siente abrumado, desanimado y triste, interpreta los acontecimientos de manera desoladora.
	Autoimagen inútil	Se juzga como insignificante, sin valor para él ni para los otros, inútil e incapaz de aspiración alguna; improductivo, impotente y censurable, despreciable, merecedor de críticas y descalificación.
	Representaciones objetales abandonadas	Parece desechar las representaciones internalizadas del pasado, como si las experiencias tempranas de la vida se hubieran agotado o debilitado, o estuvieran vacías de su riqueza y elementos alegres, o ausentes de la memoria.
Nivel intrapsíquico	Mecanismo de ascetismo	Comprometido en actos de autonegación, autocastigo y autovejación, cree que debe hacer penitencia y privarse de placeres; se autojuzga con posibles actos autodestructivos.
	Organización disminuida	Un andamiaje para las estructuras morfológicas muy débil, con afrontamientos endebles y estrategias defensivas precarias, vacías y desprovistas de vigor y atención, que disminuyen la capacidad de iniciar la acción y regular el afecto, el impulso y el conflicto.
Nivel biofísico	Estado de ánimo melancólico	Típicamente apenado, desanimado, con llanto fácil, triste y arisco; preocupado; el malhumor y el estado disfórico raras veces remiten.
CURSO DEL TRATAMIENTO		
OBJETIVOS		TÉCNICAS
Establecer una relación terapéutica	Adoptar una actitud empática y de apoyo	Impartir esperanza y optimismo en la posibilidad de mejorar el funcionamiento y el estado de ánimo, dejando claro que el paciente debe colaborar y así llegar a soluciones positivas y realistas.
	Promover el sentido de autoeficacia.	Transmitir confianza en la capacidad para cuidarse de sí mismo y para resolver problemas.
Restablecimiento del equilibrio entre polaridades	Placer –Dolor: incrementar el polo de placer.	Técnicas cognitivo-conductuales que lo estimulen a actuar de manera más adaptativa con el entorno.
	Actividad-Pasividad: estimular una mayor actividad.	Disminuir el sentido de desamparo y reforzar la motivación para que realice experiencias que resulten compensadoras, fomentando estrategias de afrontamiento más activas.
Contrarrestar la tendencia a la perpetuación	Anular las expectativas pesimistas del paciente.	Registro de pensamientos disfuncionales que subyacen al pesimismo. Experimentos conductuales para probarlos.
	Restablecer el sentimiento de autovalía.	Entrenamiento en habilidades sociales y asertividad para sustituir la conducta de abatimiento y el comportamiento interpersonal de indefensión por alternativas más asertivas. Dividir las tareas en pasos para exponerlo de manera progresiva al éxito y reforzar sentimientos de autoeficacia y su autoimagen.
	Estimular el estado de ánimo.	Técnicas cognitivas para que busque el feedback objetivo en su entorno, en lugar de mantenerse aislado en el razonamiento emocional. Técnica de resolución de problemas para generar planes alternativos en caso de fracaso, previniendo que se hunda nuevamente en la desesperanza y la apatía.
Modificar las principales disfunciones	Usar antidepresivos para el estado de ánimo.	Derivar a psiquiatra para suministrar antidepresivos que proporcionan un aumento de energía y un indicio de optimismo.
	Promover cambios cognitivos optimistas.	Identificar pensamientos y creencias disfuncionales, plantear experimentos conductuales para probar su validez y modificarlos por creencias más adaptativas. Ensayo cognitivo para que cumpla los objetivos, imaginando los pasos, prediciendo obstáculos y conflictos y deduciendo maneras de mejorarlos.

TRASTORNO DEPENDIENTE DE LA PERSONALIDAD

Características de la polaridad	Actividad-Pasividad	Para ganar apoyo y cuidado, han aprendido a esperar de forma pasiva que los demás tomen las riendas.
	Sí mismo-Otros	Se autodefine en términos de los demás y buscan el cuidado de ellos.
Tendencias a la perpetuación		Los sentimientos de incompetencia contribuyen al fracaso para desarrollar una vida más independiente. Otros factores perpetuadores reflejan estereotipos de la infancia, en los que los demás aprendieron a percibir sólo las cualidades dependientes, ignorando sus esfuerzos de independencia.
ÁMBITOS PERSONOLÓGICOS		
Nivel comportamental	Expresivamente incompetente	Evita responsabilidades adultas buscando ayuda en los demás; dócil y pasivo, carece de competencias funcionales y evita la autoafirmación.
	Interpersonalmente sumiso	Necesita seguridad y consejos excesivos; se subordina a una figura más fuerte que le proporcione cuidado; es incumplidor, conciliador y tranquilizador, y teme tener que ocuparse de sí mismo.
Nivel fenomenológico	Cognitivamente ingenuo	Rara vez está en desacuerdo con los demás y se le convence con fácilmente.
	Autoimagen inepta	Se ve a sí mismo débil, frágil e inadecuado, y desprecia sus actitudes y competencias.
	Representaciones objetales inmaduras	Las representaciones internalizadas están compuestas por impresiones infantiles de los demás, impulsos muy rudimentarios y competencias mínimas para manejar y resolver situaciones estresantes.
Nivel intrapsíquico	Mecanismo de introyección	Es devoto de los demás para fortalecer la creencia de que existe una unión inseparable con ellos; subordina ideas de independencia en favor de las de los otros para evitar amenazas a su relación.
	Organización rudimentaria	Estructura morfológica deficiente y falta de diversidad en los controles internos, que provocan una mezcla de habilidades adaptativas relativamente subdesarrolladas e indiferenciadas y un sistema muy elemental para conducirse independientemente
Nivel biofísico	Expresión afectiva pacífica	Es cálido, tierno y no competitivo; evita la tensión social.
CURSO DEL TRATAMIENTO		
OBJETIVOS		**TÉCNICAS**
Establecer una relación terapéutica	Permitir cierta dependencia.	Proporcionar al principio una ayuda más directa, centrándose en la resolución de problemas.
	Ser menos directivo a medida que se establece mayor confianza.	Refuerzo interpersonal para animar al paciente a experimentar comportamientos cada vez más independientes.
Restablecimiento del equilibrio entre polaridades	Sí mismo- Otros: contrarrestar creencia de que su bienestar depende de los demás y fomentar el centrarse en el Yo.	Entrenamiento en asertividad para expresarsentimientos negativos de manera más constructiva y tratar la reticencia a hacer las cosas por sí mismo. Entrenamiento de habilidades de comunicación e imitación para practicar conductas asertivos.
	Actividad-Pasividad: incrementar implicación activa en la satisfacción de sus necesidades, sin requerir un apoyo excesivo de los otros.	Registro de pensamientos erróneos sobre los problemas para probar su validez. Sustituir las cogniciones pasivas por otras más activas. Técnica de resolución de problemas para pensar soluciones adaptativas.
Modificar las principales disfunciones	Corregir el comportamiento interpersonal sumiso.	Evaluar la validez de sus creencias sobre las consecuencias de un comportamiento asertivo y autónomo, y animarlo a que realice pruebas empíricas.
	Potenciar una autoimagen de eficacia.	Identificar los pensamientos distorsionados con respecto a la imagen que tiene de sí mismo y someterlos a prueba.
	Adquirir conductas competentes.	Reconocer patrones de dependencia, situaciones y cogniciones que impulsan este comportamiento. Jerarquía de comportamientos asertivos e independientes que producen ansiedad para ir afrontándolos paulatinamente. Entrenamiento en respiración y relajación muscular para disminuir la ansiedad. La imitación y el modelado que le brinden habilidades básicas para adquirir nuevos comportamientos.
Contrarrestar la tendencia a la perpetuación	Reducir la autodevaluación	Continuum de dependencia-independencia para resolver el pensamiento dicotómico que refuerza.
	Potenciar las habilidades adultas.	Terapia familiar para facilitar el cambio conductual y poder exigir que cumpla con sus responsabilidades de adulto. Explorar otros contextos de relaciones para aumentar el crecimiento y minimizar la dependencia continuada.
	Disminuir los comportamientos de "enganche".	Análisis conductual para aclarar áreas problemáticas de su vida haciendo hincapié en la conducta de evitación.

TRASTORNO HISTRIÓNICO DE LA PERSONALIDAD		
Características de la polaridad	**Sí mismo-Otros**	Incapaces de manejar demandas vitales y necesitan a alguien competente y poderoso que lo haga. Consumen su energía emocional y mental para asegurarse a los demás.
	Actividad-Pasividad	Mantienen una estrecha vigilancia del otro, de manera que al mínimo indicio de posible desagrado puedan apaciguarlo. Esto los deja sin recursos para examinar su propio estado interno.
Tendencias a la perpetuación		Cuando las ansiedades afloran, se mantienen a raya mediante la fantasía de fusión con otro poderoso. Mantienen un flujo constante de excitación social y una implicación en preocupaciones externas para no enfrentarse al mundo interno. Esto los lleva a ser expertos en la creación de dramas y aprobación interpersonales.
		ÁMBITOS PERSONOLÓGICOS
Nivel comportamental	**Expresivamente dramático**	Hiperactivo, volátil, provocativo y atractivo, lo que provoca respuestas impulsivas, altamente emotivas y teatrales.
	Interpersonalmente buscador de atención	Manipula a los demás para obtener atención y aprobación; es exigente, coquetea y es exhibicionista seductor; desea ser el centro de atención.
Nivel fenomenológico	**Cognitivamente frívolo**	Evita la introspección, es sugestionable, atento a acontecimientos externos fugaces; integra mal las experiencias.
	Autoimagen gregaria	Se considera sociable, estimulante y encantador; utiliza la imagen y el aspecto físico para atraer personas.
	Representaciones objetales superficiales	Representaciones internalizadas compuestas de recuerdos superficiales de relaciones previas, colecciones azarosas de afectos y conflictos transitorios, impulsos y mecanismos insustanciales.
Nivel intrapsíquico	**Mecanismo de disociación**	Altera y recompone sus propias manifestaciones para crear una sucesión de fachadas socialmente atractivas, pero cambiantes; se implica en actividades autodestructivas.
	Organización inconexa	Estructura morfológica mal conectada, en la que los procesos de regulación y control internos están dispersos y desintegrados.
Nivel biofísico	**Estado de ánimo inconstante**	Emociones cambiantes y superficiales; es vivaz, animado, impetuoso y se entusiasma con la misma facilidad con la se aburre.
		CURSO DEL TRATAMIENTO
OBJETIVOS		**TÉCNICAS**
Establecer una relación terapéutica		Dirigir la transferencia, preguntando qué piensa acerca de la terapia y del terapeuta. Relacionar la información con su historia y explorar la naturaleza de la autoperpetuación. Marcar diferencias entre las relaciones sociales y la terapéutica para contrarrestar las reacciones románticas. Reforzar respuestas asertivas y competentes sin estimular patrones de dependencia. Dirigir la transferencia, preguntando qué piensa acerca de la terapia y del terapeuta. Relacionar la información con su historia y explorar la naturaleza de la autoperpetuación. Marcar diferencias entre las relaciones sociales y la terapéutica para contrarrestar las reacciones románticas. Reforzar respuestas asertivas y competentes sin estimular patrones de dependencia.
Restablecimiento del equilibrio entre polaridades	**Sí mismo-Otros: aprender a internalizar y a apartarse de los demás.**	Indagar en temas que no ha examinado o ha obstaculizado para integrar las experiencias pasadas. Esto permitirá que aprenda formas menos adolescentes de afrontamiento y el desarrollo de un nivel más maduro de independencia personal.
	Actividad-Pasividad: aprender a canalizar el tiempo y la energía.	Identificar pensamientos disfuncionales, emociones y conductas, y las relaciones causales entre ellos. Realizar programas comportamentales para ver su efecto.
Contrarrestar la tendencia a la perpetuación.	**Anular las preocupaciones externas.**	Descubrimiento guiado para que pueda ir enfrentando sus ansiedades y convencerlo de abandonar sus preocupaciones externas que lo distraen del procesamiento de estímulos.
	Iniciar verdaderas relaciones sociales.	Técnicas grupales que le permitan observar patrones interpersonales parecidos y comprender el efecto de su conducta sobre los demás. Además le permite adquirir formas de relacionarse más adaptativas ya que es difícil que el grupo continúe aceptando el comportamiento exagerado.
	Obtener un profundo conocimiento interno.	Examinar antecedentes del desarrollo de representaciones objetales para que vear que las interacciones, emociones y los conflictospueden integrarse de manera lógica, con sentido y coherencia.
Modificar las principales disfunciones	**Disminuir la búsqueda de atención interpersonal.**	Modificación cognitiva para que vea las ventajas de limitar las conductas exhibicionistas y seductoras a pocos contextos en las que son adecuadas. Enseñarle a discriminar cuándo es apropiado ese comportamiento y cuándo le causará complicaciones.
	Estabilizar estados de ánimo inconstantes.	Entrenamiento en relajación para reducir la excesiva emocionabilidad y agravamiento de los sentimientos.
	Reducir los comportamientos dramáticos.	Entrenamiento en asertividad para proporcionar conductas alternativas a las maniobras seductoras y dramáticas que utiliza.
	Reorientar el estilo cognitivo superficial.	Enfoque cognitivo para que integre experiencias y forje esquemas más racionales.

TRASTORNO NARCISISTA DE LA PERSONALIDAD

Características de la polaridad	**Sí mismo-Otros**	Confían más en sí mismos como fuente de recompensa. Se consideran de manera especial y fantasean sobre el gran reconocimiento que recibirán cuando llegue su gran día.
	Actividad-Pasividad	El sentido de superioridad suele producir una carencia general de comportamientos orientados a objetivos. Creen que merecen que las cosas vayan bien como producto de su intrínseca excepcionalidad.
Tendencias a la perpetuación		El ciclo de perpetración de los problemas empieza con experiencias tempranas de elogio no contingente. Su grandioso sentido de autoimportancia los lleva a concluir que no hay razones para esforzarse y adquirir habilidades y competencias cuando 'es claro que' poseen valiosos talentos y aptitudes. Creen que sus dones son razones suficientes para conseguir sus objetivos y ganarse el respeto ajeno.
	ÁMBITOS PERSONOLÓGICOS	
Nivel comportamental	**Expresivamente arrogante**	Conducta arrogante y altanera, se siente por encima de las normas y las califica de superficiales o inaplicables a sí mismo. Falta de atención por la integridad personal y desinterés en los derechos de los demás.
	Interpersonalmente explotador	Carece de empatía, cree merecer y espera favores especiales sin asumir responsabilidades; se toma excesiva confianza y utiliza a los otros para satisfacer sus deseos.
Nivel fenomenológico	**Cognitivamente expansivo**	Posee una imaginación desenfrenada y autoglorificantes fantasías de éxito, belleza o amor; se ajusta mínimamente a la realidad.
	Autoimagen admirable	Cree que es una persona de mérito, especial y única, que merece gran admiración, se comporta de forma grandiosa y con gran confianza; tiene un elevado concepto de sí mismo a pesar de ser visto por los demás como egocéntrico, desconsiderado y arrogante.
	Representaciones objetales artificiales	Representaciones internalizadas compuestas por recuerdos ilusorios y cambiantes sobre relaciones pasadas; los impulsos y conflictos inaceptables son rápidamente remodelados en cuanto surge la necesidad.
Nivel intrapsíquico	**Mecanismo de racionalización**	Se engaña a sí mismo y elabora razones plausibles para justificar su egocentrismo y su comportamiento socialmente desconsiderado.
	Organización espúrea	Las estructuras morfológicas tienden a ser débiles. Regulación marginal de los impulsos, mínima canalización de las necesidades y creación de un mundo interno en el que se descartan los conflictos: para justificar errores y reafirmar autoestima.
Nivel biofísico	**Estado de ánimo despreocupado**	Indiferencia, imperturbabilidad y fingida tranquilidad; parece fríamente no impresionable, excepto cuando se ve amenazada su confianza narcisista -lo que le provoca ira, vergüenza o sentimiento de vacío-.

CURSO DEL TRATAMIENTO		
OBJETIVOS		**TÉCNICAS**
Establecer una relación terapéutica		Brindar confianza y respeto. Cuidar las declaraciones que se hagan para no promover tendencias narcisistas. Brindar interpretaciones honestas en un tono de aceptación.
Restablecimiento del equilibrio entre polaridades	**Actividad-Pasividad: Estimular la modificación activa.**	Técnica de resolución de problemas e interpersonales para mejorar las interacciones y ayudar a ver el beneficio de no necesitar ser infalible y considerar su parte de responsabilidad en las dificultades que se presenten.
	Sí mismo-Otros: incrementar el centrarse en los otros.	Manifestar su déficit de empatía, resaltando los sentimientos de los demás y señalando las situaciones de desconsideración y explotación. Imitación e inversiones de papeles para imaginar cómo se sienten los demás y desarrollar creencias nuevas.
Modificar las principales disfunciones.	**Moderar la autoimagen admirable.**	Brindar una actitud terapéutica de que los errores son inevitables y humanos para que evalúen su autovalía de forma realista. Utilizar la autorrevelación para facilitar la introspección sobre el impacto negativo de su conducta en los demás.
	Desmantelar la explotación interpersonal.	Imitación y modelado que ayuden a extinguir el comportamiento interpersonal explotador y produzcan situaciones interpersonales más genuinas.
	Controlar el comportamiento arrogante.	Inhibición comportamental y desensibilización sistemática para extinguir la conducta arrogante y reemplazarla.
	Disminuir las cogniciones expansivas.	Registro pensamientos y creencias desadaptativas para someterlos a prueba y adquirir nuevas creencias funcionales.
Contrarrestar la tendencia a la perpetuación.	**Anular las ilusiones insustanciales, adquiriendo disciplina y autocontrol.**	Brindar valoraciones realistas de su 'sí mismo' para que vea la perfección como insostenible y utilice la autodisciplina para conseguir objetivos y controlar el impulso de escaparse hacia ilusiones improductivas.
	Reducir las desconsideraciones sociales.	Comprensión empática para sensibilizarlo de los sentimientos de los demás y motivarlo a adoptar conductas cooperativas.

TRASTORNO ANTISOCIAL DE LA PERSONALIDAD

Características de la polaridad	**Sí mismo-Otros**	Se vuelven a sí mismos, cuidándose contra los perjuicios, asegurándose la obtención de gratificaciones. Los demás son vistos como objetos.
	Actividad-Pasividad	Buscan compensar privaciones pasadas y hacen lo que sea necesario para obtenerlas.
Tendencias a la perpetuación		Aprendieron a anticipar y reaccionar a un entorno indiferente y poco fiable con una autonomía defensiva, suspicaz y hostil. En su esfuerzo por no pasar por alto ningún signo de amenaza, malinterpretan acontecimientos causales como pruebas de los impulsos desleales de los demás. Ignoran los signos objetivos de benevolencia por parte de los demás y los malinterpretan de manera suspicaz.
	ÁMBITOS PERSONOLÓGICOS	
Nivel comportamental	**Expresivamente impulsivo**	Impetuoso e incontrolable, actúa espontánea y precipitadamente; imprudente, incauto, incapaz de planear sus actos o considerar otras alternativas sin prever consecuencias.
	Interpersonalmente irresponsable	Persona de poco fiar, es incapaz o se niega a hacerse cargo de sus responsabilidades; se inmiscuye en la vida de los demás y viola sus derechos; transgrede normas sociales.
Nivel fenomenológico	**Cognitivamente desviado**	Construye los acontecimientos y las relaciones según creencias y valores morales que socialmente son poco ortodoxos; no acepta las normas sociales y menosprecia los valores convencionales.
	Autoimagen autónoma	Se ve a sí mismo como si las restricciones sociales y las limitaciones de las lealtades personales no le afectasen; valora la imagen y el sentido de libertad, y desconfía de personas, lugares o rutinas.
	Representaciones objetales degradadas	Las representaciones internalizadas se componen de relaciones interpersonales degradadas y corruptas que reflejan actitudes e impulsos negativos que transgreden los ideales y costumbres culturales, devalúan los sentimientos personales y codician beneficios materiales.
Nivel intrapsíquico	**Mecanismo de impulsividad-actuación**	Rara vez limita las tensiones internas que pueden incrementarse posponiendo la expresión de pensamientos ofensivos y acciones malevolentes. Los impulsos socialmente reprobables se descargan sin culpa.
	Organización indisciplinada	La estructura morfológica interna que contiene los impulsos es escasa, al igual que el control de las energías y actitudes refractarias, lo que produce una fácil transgresión de los controles, bajos umbrales para la descarga hostil o erótica, poca sublimación, gran autoexpresión e intolerancia a la frustración.
Nivel biofísico	**Estado de ánimo insensible**	Duro, irritable y agresivo, déficit de caridad social y compasión; falta de civismo y desinterés en su seguridad y la de los demás.
	CURSO DEL TRATAMIENTO	
OBJETIVOS		**TÉCNICAS**
Establecer una relación terapéutica		Comentar la vulnerabilidad de la terapia debido a sus manipulaciones. Reducirr la posibilidad de que se sienta desafiado y adopte una actitud oposicionista. Poseer una objetividad fiable pero no infalible, un estilo interpersonal relajado, un sentido claro de los límites personales, un gran sentido del humor y seguridad de sí mismo.
Restablecimiento del equilibrio entre polaridades	**Sí mismo-Otros: centrar la atención en las necesidades de los otros.**	Utilizar programa de terapia salvaje que proporciona oportunidades para la interdependencia, la necesidad de cooperación y la deferencia.
	Actividad-Pasividad: reducir las actuaciones impulsivas.	Crecimiento cognitivo para ayudarlo pasar de las operaciones concretas y las conductas impulsivas al pensamiento abstracto que posibilite la amabilidad interpersonal.
Contrarrestar la tendencia a la perpetuación	**Reducir la tendencia hacia la provocación.**	Técnicas cognitivas que alteren creencias de vulnerabilidad.
	Ver el afecto y la cooperación como algo positivo.	Terapia de grupo para aprender técnicas de resolución de problemas, ayudando a los demás en situaciones parecidas, y los ejemplos de otros miembros pueden servir de modelo.
	Cambiar las expectativas de degradación	Técnicas interpersonales y terapia familiar para alterar la creencia de que los demás van a abusar de él.
Modificar las principales disfunciones	**Compensar el descuido y el comportamiento poco previsor.**	Examinar las posibilidades y consecuencias antes de elaborar una conclusión sobre cuál es la conducta más apropiada.
	Motivar el comportamiento interpersonal responsable.	Enseñarle a considerar los efectos de sus actos y ver las ventajas de abandonar las conductas impulsivas y actuar de un modo prosocial y concordante con los deseos de los otros.
	Alterar las cogniciones desviadas.	Reestructuración cognitiva. No se apunta a un cambio moral ya que es poco probable.

TRASTORNO SÁDICO DE LA PERSONALIDAD		
Características de la polaridad	Placer-Dolor	La principal forma de relacionarse con los demás es infligiendo dolor. La humillación y victimización de los otros les permite descargar su ira y su dolor psíquico. Se involucran en conductas que les permiten controlar y expresar dominio sobre los demás.
	Sí mismo-Otros	Se ven a sí mismos como personas fuertes y competitivas y consideran a los otros como meros objetos impersonales sin valor, que no merecen respeto alguno.
Tendencias a la perpetuación		Aprendieron a atender estímulos de su entorno que apoyan sus creencias distorsionadas. La mayoría de sus experiencias actuales se tiñen de maldad y los motivos benevolentes de los otros se malinterpretan. También aprendieron a ser precavidos y desconfiar de los demás. Evitan expresar sentimientos y responder con empatía para protegerse de la humillación y el abuso que anticipan.
ÁMBITOS PERSONOLÓGICOS		
Nivel comportamental	Expresivamente precipitado	Reaccionan con explosiones emocionales bruscas, de naturaleza inesperada e injustificada; reacciona de modo imprudente, le atraen los desafíos, el riesgo y el peligro, y parece insensible al dolor y al castigo
	Interpersonalmente áspero	Manifiesta satisfacción al intimidar, coaccionar y humillar a los demás; se expresa verbalmente de forma abusiva, hace comentarios socialmente humillantes y tiene un comportamiento físico rudo.
Nivel fenomenológico	Cognitivamente dogmático	Rígido y cerrado, autoritario, socialmente intolerante y prejuicioso.
	Autoimagen combativa	Se enorgullece de verse a sí mismo como una persona competitiva, enérgica y obstinada; valora de sí mismo el tener una imagen belicosa, dominante y orientada al poder.
	Representaciones objetales perniciosas	Las representaciones internalizadas del pasado se distinguen por relaciones que generaron fuertes energías agresivas y actitudes malvadas, como falta de recuerdos sentimentales, afectos tiernos, conflictos internos y sentimientos de culpa o vergüenza.
Nivel intrapsíquico	Mecanismo de aislamiento	No parece tener conciencia del impacto de sus actos destructivos, ve los objetos de los que abusa como algo impersonal, sin ningún valor.
	Organización eruptiva	Su estructura morfológica es coherente y compuesta por controles, defensas y canales de expresión adecuados; sin embargo se amenazada por poderosas energías de naturaleza agresiva y sexual que sobrepasan los controles, produciendo explosiones bruscas.
Nivel biofísico	Estado de ánimo hostil	Temperamento excitable e irritable que aflora rápidamente y se transforma en discusiones y; desea hacer daño y perseguir a los demás.
CURSO DEL TRATAMIENTO		
OBJETIVOS		TÉCNICAS
Establecer una relación terapéutica	Brindar sentimientos que permitan establecer una alianza.	Brindarle una sensación de confianza, mirando los problemas a través de sus ojos.
	Establecer límites claros en la relación.	Evitar entrar en una lucha de poderes. Mantener un equilibrio entre la firmeza profesional y la autoridad, mezclado con tolerancia hacia los rasgos menos atractivos del paciente.
Restablecimiento del equilibrio entre polaridades	Placer-Dolor: Invertir la discordancia existente en la polaridad.	Proporcionar experiencias y situaciones que promuevan la colaboración. Ayudar a reconocer las recompensas en las relaciones interpersonales, evitando elementos destructivos.
	Sí mismo-Otros: reducir la tendencia activa a centrarse en sí mismo.	Aumentar su capacidad de empatizar con los demás y animarlo a implicarse en actos que preserven la vida en vez de destruirla.
Contrarrestar la tendencia a la perpetuación	Controlar los comportamientos desadaptativos.	Técnicas cognitivas que aumenten las percepciones adecuadas y reduzcan distorsiones cognitivas. Reevaluar las consecuencias de su comportamiento agresivo y la manera en que le impacta negativamente en su vida.
	Modificar la imagen de extrema dureza que presenta el paciente.	Implicarlo en comportamientos prosociales para que obtenga recompensas adicionales por estas conductas más afiliativas. Ayudar al paciente a manifestar su lado más sensible y emocional para implicarse en actividades sin atacar a los demás.
Modificación de las disfunciones de ámbito	Moderar el estado de ánimo hostil.	Técnicas de autocontrol para que aprenda a controlar su ira. Desensibilización sistemática mediante una jerarquía de situaciones que provocan ira. Entrenamiento en habilidades sociales para lograr mayor asertividad.
	Reducir el comportamiento interpersonal áspero.	Enseñarle estilos de interacción alternativos para elevar su autoeficacia y sublimar su agresividad.
	Controlar los comportamientos impulsivos.	Técnicas de autocontrol para tener mayor control cuando los impulsos pueden sobrepasarlo.

TRASTORNO COMPULSIVO DE LA PERSONALIDAD

Características de la polaridad	**Sí mismo-Otros**	Actúan creyendo que sus deseos están equivocados y que expresarlos conlleva la intimidación y el castigo. Reprimen la hostilidad por los deseos que pueden entrar en conflicto con los de otros poderosos.
	Actividad-Pasividad	Manifiestan su ambivalencia de manera pasiva. Muchas de sus producciones son respuesta a las demandas y expectativas de otros, reales o imaginadas. Rara vez tienen iniciativas para cambiar sus circunstancias debido a su excesivo temor a cometer un error.
Tendencias a la perpetuación	La autocrítica previene cualquier desviación de las reglas establecidas. Al hacerse reprimendas internas, demuestran sus buenas intenciones y obvian la desaprobación de fuentes externas. Evitan situaciones nuevas o ambiguas volviéndose intensamente rígidos. Los procesos de pensamiento se limitan al ámbito de lo probado y lo aceptable para que no sentir culpa. Se vuelven extraordinariamente sensibles a las normas, reglas, leyes y convenciones, ya que estas le ayudan a controlar los impulsos inaceptables, guiar el pensamiento, dictar su comportamiento y asegurar que nunca se les reprochará nada.	
	ÁMBITOS PERSONOLÓGICOS	
Nivel Comportamental	**Expresivamente disciplinado**	Mantienen una vida regulada, muy estructurada y estrictamente organizada; el perfeccionismo interfiere al tomar decisiones y finalizar tareas.
	Interpersonalmente respetuoso	Respetan de modo inusual los cánones sociales; son escrupulosos y tercos en temas de moral y ética; prefieren relaciones educadas, formales y correctas.
Nivel Fenomenológico	**Cognitivamente constreñido**	Construyen el mundo en términos de reglas, normas, programaciones de tiempo y jerarquías; rígidos, obstinados e indecisos y suelen alterarse frente a ideas y hábitos nuevos.
	Autoimagen escrupulosa	Se consideran entregados al trabajo, dignos de confianza, meticulosos y eficientes, excluyen el ocio; temen el error y valoran la disciplina, perfección, prudencia y lealtad.
	Representaciones objetales ocultas	Sólo permiten la expresión comportamental o el conocimiento conciente de representaciones internalizadas, siempre que estén aprobadas socialmente; sus acciones y recuerdos están muy regulados, alejan impulsos prohibidos y niegan conflictos personales y sociales.
Nivel Intrapsíquico	**Mecanismo de formación reactiva**	Repetidos pensamientos positivos y comportamientos socialmente aceptables; sensatos y maduros al afrontar situaciones que generan ira o consternación bajo un control estricto.
	Organización compartimental	Las estructuras morfológicas están organizadas en un sistema donde impulsos, memoria y cognición están separados, con poca interacción.
Nivel Biofísico	**Estado de ánimo solemne**	Están tensos, sin alegría y sombríos; reprimen los sentimientos cálidos y mantienen casi todas las emociones bajo un control riguroso.
	CURSO DEL TRATAMIENTO	
OBJETIVOS		**TÉCNICAS**
Establecer una relación terapéutica		Comunicación espontánea al inicio. Exponer de manera lógica algunas de sus conductas y causas para fomentar su confianza.
Restablecimiento del equilibrio entre polaridades	Sí mismo- Otros: **Establecer una identidad que diferencie sus propios sentimientos y deseos de lo que percibe que se espera de él.**	Enseñar el modelo cognitivo y establecer objetivos relacionados con sus problemas. Registro de pensamientos que interfieren con los objetivos para ponerlos a prueba y refutarlos. Elaborar la ira reprimida y el temor a la desaprobación. Equilibrar sus esfuerzos para asegurar recompensas entre ambas alternativas.
	Actividad – Pasividad: modificar la reacción (pasiva) al entorno.	Reconocer y considerar como válidas sus expectativas y la de los demás. Establecer un estilo más activo de afrontamiento y buscar objetivos propios.
Contrarrestar la tendencia a la perpetuación	**Aflojar la intensa rigidez y preocupación por las reglas.**	Desensibilización sistemática de los estímulos que provocan ansiedad. Explorar diferentes maneras de abordar los estímulos de su entorno y beneficiarse de un aprendizaje adaptativo.
	Reducir la preocupación por las reglas.	Continúo de independencia/dependencia, para que vea que los valores y las relaciones en blanco y negro son fenómenos multidimensionales. Experimentar comportamientos más espontáneos.
	Moderar la culpa y la autocrítica.	Reconocer emociones reprimidas y mostrar empatía y compasión. Establecer normas más realistas para disipar la ansiedad y ver el perfeccionismo y el control total como metas irreales.
Modificación de las disfunciones de ámbito	**Moderar el estilo cognitivo restringido.**	Enfoque cognitivo que confronte supuestos disfuncionales. Promover un estilo cognitivo más fluido y creativo.
	Ajustar los comportamientos perfeccionistas.	Regular el catastrofismo ante la posibilidad de cometer errores. Experimentar conductas alternativas ante las situaciones. Realizar actividades orientadas a las relaciones y otras gratificaciones.
	Probar interacciones espontáneas y gratificantes.	Utilizar enfoques de pareja y sexual como auxiliares de la terapia individual.

TRASTORNO NEGATIVISTA DE LA PERSONALIDAD

Características de la polaridad	**Sí mismo-Otros**	Oscilan entre someterse y la gratificarsus necesidades. Intentan obtener cuidados de los demás sin evaluar sus propias capacidades.
	Actividad-Pasividad	Modo activo de adaptación en el que se muestra cambiante e hiperreactivo. Para evitar el malestar, ponen marcha conductas que no sólo molestan a los demás, sino que también les perjudican a ellos mismos.
Tendencias a la perpetuación		Las inconsistencias a las que fueron sometidos durante su infancia reforzaron la creencia de que las decepciones son inevitables. Al realizar este tipo de anticipaciones, se retiran prematuramente de experiencias potencialmente gratificantes, se descentran y varían sus objetivos, lo que sólo sirve para repetir el mismo ciclo disfuncional.
	ÁMBITOS PERSONOLÓGICOS	
Nivel Comportamental	**Expresivamente resentido**	Se resiste a satisfacer las expectativas de los demás; posponedor, ineficaz y obstinado, conductas de oposición y fastidio; se gratifica al desmoralizar y socavar el bienestar y las aspiraciones ajenos.
	Interpersonalmente no cooperador	Asume papeles conflictivos y variables en las relaciones; conjuga envidia y rabia con los más afortunados que él; obstructivo e intolerante.
Nivel Fenomenológico	**Cognitivamente escéptico**	Es cínico, dubitativo y desconfiado, evalúa posibilidades futuras con pesimismo, ira y ansia; se queja de la vida y hace comentarios dañosos sobre quienes tienen mejor fortuna que él.
	Autoimagen des-contenta	Se ve como alguien incomprendido, sin suerte, despreciado y devaluado por otros; reconoce sentirse amargado, descontento y desilusionado.
	Representaciones objetales vacilantes	Las representaciones internalizadas del pasado comprenden relaciones desequilibradas que producen sentimientos contradictorios, tendencias conflictivas y recuerdos incompatibles impulsados por la intención de devaluar las consecuciones y el bienestar de los demás, sin parecerlo.
Nivel Intrapsíquico	**Mecanismo de desplazamiento**	Descarga su ira y otras emociones negativas de forma precipitada o desplazándolas desde su verdadero instigador hacia otras situaciones o personas; desahoga su desaprobación de forma pasiva o sustitutiva.
	Organización divergente	Las estructuras morfológicas está tan divididas que las estrategias defensivas y de afrontamiento se dirigen hacia objetivos incompatibles, no resuelve los principales conflictos y hace imposible la cohesión.
Nivel Biofísico	**Estado de ánimo irritable**	Alterna entre susceptibilidad, irritabilidad, malhumor y aislamiento melancólico; petulante e impaciente, desprecia las figuras de autoridad, por quienes se siente molesto o frustrado.
	CURSO DEL TRATAMIENTO	
OBJETIVOS		**TÉCNICAS**
Establecer una relación terapéutica colaborativa	**Comprometerlo con la terapia brindándole cierto control.**	Proponerle tareas afiliativas, reforzando la autonomía que desea. No desafiar directamente la pertinencia de sus creencias disfuncionales.
	Reducir la ambivalencia manejando la confrontación.	Establecer contratos comportamentales concisos y a corto plazo para facilitar el cumplimiento de prescripciones. Establecer reglas estrictas, sesiones estructuradas y justificar cada intervención.
Restablecimiento del equilibrio entre polaridades	**Disminuir el conflicto de la polaridad Sí mismo- Otros.**	Adoptar mecanismos de afrontamiento que le permitan moverse desde la consecución sin culpa de sus deseos a la orientación hacia los demás sin resentimiento.
	Atenuar el desequilibrio de la polaridad Actividad – Pasividad.	Adoptar una posición más pasiva en las situaciones ambiguas para explorar distintas opciones y obtener mayor evidencia y evitar la reacción impulsiva y caprichosa.
Contrarrestar la tendencia a la perpetuación	**Reducir la previsión de las decepciones.**	Técnica de autocontrol para que adquiera control en sus impulsos. Estimularlo a comprometerse con un determinado plan de acción y seguirlo para no retirarse rápido de experiencias gratificantes.
	Moderar los comportamientos impredecibles	Entrenamiento en asertividad para que aprenda a expresar su descontento y sus emociones adecuadamente, lo que dará lugar a relaciones más maduras y evitará los comportamientos cambiantes y oposicionistas.
	Prevenir la formación de desilusión.	Utilizar la relación diádica como modelo estable de relación interpersonal a seguir y como punto de partida para que aprenda nuevas formas de relación y evite la desilusión.
Modificar las disfunciones de ámbito	**Fortalecer una autoimagen consistente.**	Registro de pensamientos erróneos y emociones. Establecer hipótesis y someterlas a prueba para obtener información más precisa sobre la probabilidad de ocurrencia.
	Regular emociones variables y volátiles.	Entrenamiento en control de impulsos y asertividad para que el paciente aprenda a controlar su ira y sus afectos negativos.
	Alterar el escepticismo del estilo cognitivo.	Registro de pensamientos erróneos para ponerlos a prueba y reemplazarlos por otros más adaptativos.
	Modificar conductas no cooperadoras.	Regular conductas oposicionistas y aumentar la tolerancia a los demás, para que sus conductas sociales sean más consideradas.

TRASTORNO MASOQUISTA DE LA PERSONALIDAD

Características de las polaridades	**Placer-Dolor**	Creen que no merecen ningún placer ni diversión. No sólo encuentran en el sufrimiento una forma de expirar su culpa, sino que es lo único que pueden permitirse ante la posibilidad de un vacío interior.
	Actividad-Pasividad	Conducta autoderrotista y predecible que hace declinar en la participación de actividades placenteras y negar experiencias alegres.
Tendencia a la perpetuación	Perpetúan las situaciones displacenteras. Interpretan los acontecimientos como molestos y problemáticos por temor a que el optimismo traiga consecuencias angustiosas. Aprendieron a sentirse importantes cuando los demás se muestran hostiles con ellos y que esta crueldad disminuye cuando ellos sufren, por eso concluyen que su valía aumenta acorde a su infelicidad. Encuentran injustificado el intentar sentirse mejor y su sufrimiento y desesperanza sirven para proporcionarles una identidad y un papel social tangibles.	
	ÁMBITOS PERSONOLÓGICOS	
Nivel Comportamental	**Expresivamente abstinente**	Se muestra sencillo y cumplidor; reticente a buscar experiencias gratificantes; se sitúa en segundo plano y actúa en forma discreta.
	Interpersonalmente deferente	Se distancia de los que lo apoyan y se relaciona con quien puede ser servil; deja que los otros lo exploten, traten mal o se aprovechen; acepta culpas y críticas injustas para ganarse el favor de los demás.
Nivel Fenomenológico	**Congnitivamente inseguro**	Reticente a interpretar positivamente las cosas por temor a que se conviertan en problemas o acaben siendo autodenigrantes; se habitúa a expresar repetidamente actitudes y anticipaciones pesimistas.
	Autoimagen desmerecedora	Cree que merece ser avergonzado y despreciado. Por no poder cumplir las expectativas de los otros.
	Representaciones objetales desacreditadas	Compuestas de relaciones que fracasaron y logros personales menospreciados, sentimientos positivos e impulsos eróticos transformados en sus opuestos, conflictos internos intencionalmente agravados, y mecanismos para reducir la disforia que aumentan el malestar.
Nivel Intrapsíquico	**Mecanismo de exageración**	Recuerda las injusticias pasadas y anticipa decepciones futuras; obstaculiza los objetivos personales y sabotea las cosas buenas que le ocurren para mantener o potenciar el nivel habitual de sufrimiento.
	Organización invertida	Destrucción del afecto, transposición de los canales de gratificación de las necesidades y de los que producen frustración, implicación en actividades cuyas consecuencias son antiéticas o autodestructivas.
Nivel Biofísico	**Estado de ánimo disfórico**	Experimenta una mezcla de emociones; manifiesta intencionadamente una apariencia que induce en los demás a la culpa y el malestar.
	CURSO DEL TRATAMIENTO	
OBJETIVOS		**TÉCNICAS**
Establecer una relación terapéutica		Entender su tendencia a generar reacciones negativas en los demás como un autocastigo. Ayudarlo a tomar conciencia de su resentimiento y expresarlo más directamente. Ofrecer calidez y empatía que brinde un modelo a internalizar para la autoevaluación y que permita superar su tendencia hacia la autofrustración.
Restablecimiento del equilibrio entre polaridades	Placer–Dolor: **Modificar conductas de autosabotaje y perpetuación del abuso.**	Clarificación e internalización de la diferencia entre los comportamientos afectuosos y los abusivos. Reorientación cognitiva para que alcance una autoimagen más positiva y adaptativa.
	Actividad-Pasividad: **Fortalecer el foco activo y eliminar la pasividad derrotista.**	Entrenamiento en asertividad y habilidades sociales para relacionarse con los demás de forma constructivas. Dedicar un tiempo cada día a implicarse en actividades placenteras y recompensarse por interacciones apropiadas que haya hecho.
Modificar las principales disfunciones	**Moderar el estado de ánimo disfórico.**	Identificar creencias disfuncionales y ponerlas a prueba para que vea que su ánimo viene de la valoración de sí mismo y e mundo.
	Ayudar a adoptar un concepto de sí mismo menos severo.	Discutir experiencias pasadas que crearon su autoimagen y el mantenimiento de hábitos cognitivos disfuncionales. Reorientación cognitiva para ver que su timidez perpetúa sus dificultades.
	Modificar la deferencia interpersonal.	Entrenamiento en habilidades sociales y asertividad para obtener nuevas formas de interacción. Terapia de grupo para brindarle modelos asertivos.
Contrarrestar la tendencia a la perpetuación	**Contrarrestar la disposición del paciente a que abusen de él.**	Técnicas cognitivas para comprender una gama más amplia de interacciones, y concebir posibles experiencias de relación sin victimización. Entrenamiento en asertividad y habilidades sociales para relacionarse de forma más equitativa y constructiva, fortaleciendo los límites personales que previenen el abuso.
	Detener la implicación en experiencias que lo devalúan.	Brindar comprensión de sus procesos desadaptativos para animar a adoptar nuevas actitudes y estilos de interacción.
	Prevenir anulación de sucesos positivos.	Identificar sucesos y actividades positivas que favorecen su autoestima. Ayudarlo a esforzarse por conseguir recompensas.

TRASTORNO ESQUIZOTÍPICO DE LA PERSONALIDAD

Características de la polaridad	Placer-Dolor	La variante aislado-activo o insípido no están motivados por el dolor o el placer: la capacidad para los sentimientos notablemente reducida. La variante aislado-activo o timorato es muy sensible a las experiencias dolorosas generadas intrapsíquicamente y las producidas por el entorno, haciendo que se sientan autoalienados y se aíslen.
	Actividad-Pasividad	El subtipo timorato presenta fuerte temor al rechazo y al insulto por parte del entorno lo que hace que se sientan autoalienados y se aíslen. El subtipo insípido al no tener motivación para los sentimientos quedan aislados, sin estrategias de intercambio social y que sean adaptativas.
Tendencias a la perpetuación		El aislamiento social y la dependencia no sólo perpetúan su estilo de personalidad sino que realmente intensifican los déficit. Muchos contribuyen a su deterioro mediante la evitación de interacciones sociales que podrían ofrecerles la estimulación y el feedback más funcionales.
	ÁMBITOS PERSONALÍSTICOS	
Nivel comportamental	**Expresivamente excéntrico**	Manierismos peculiares y socialmente inadecuados; los otros los perciben como atípicos, de comportamiento raro, reservado, curioso o extraño.
	Interpersonalmente reservado	Privacidad y aislamiento, pocos intentos de contacto y obligaciones personales; adoptan papeles laborales periféricos y actividades marginales.
Nivel fenomenológico	**Cognitivamente desorganizado**	Disfuncional capacidad para leer pensamientos o sentimientos ajenos; mezclan comunicaciones sociales con irrelevancias personales; lenguaje circunstancial, ideas de referencia y digresiones metafóricas; se pierden en ensoñaciones con pensamiento mágico ocasional, ilusiones corporales, suspicacias, creencias raras y confusión entre fantasía y realidad.
	Autoimagen enajenada	Perplejidad e ilusiones sociales, despersonalización, desrealización y disociación; se ve desamparado, pensamientosde vacío vital.
	Representaciones objetales caóticas	Representaciones internalizadas que consisten en una mezcla de elementos de relaciones y afectos de la infancia, impulsos y motivaciones aleatorios, y canales de regulación descoordinados.
Nivel intrapsíquico	**Mecanismo de anulación**	Manierismos extraños y pensamientos idiosincrásicos como retracción o inversión de los actos o ideas previos que generaron ansiedad, conflicto o culpa; los rituales o comportamientos mágicos sirven para arrepentirse o anular los pensamientos 'perversos'.
	Organización fragmentada	Límites del Yo permeables; operaciones defensivas y de afrontamiento ordenadas al azar en un conjunto de estructuras morfológicas aisladas, que llevan a acciones vagas donde se descargan los pensamientos y afectos primitivos, con pocas sublimaciones e importantes desintegraciones posteriores a un nivel estructural psicótico.
Nivel biofísico	**Estado de ánimo aturdido o insensible**	Excesivamente perspicaces y se aturden. Sobre todo en los encuentros sociales; agitados y en estado de alerta ansiosa; desconfianza, suspicacia, monotonía, apatía, pereza, falta de alegría y aspecto insípido.
	CURSO DEL TRATAMIENTO	
OBJETIVOS		**TÉCNICAS**
Establecer una relación terapéutica		Distinguir los subtipos del trastorno para conseguir al máximo los objetivos y las estrategias terapéuticos. Respetar las sensibilidades particulares que presenta. Indagar la experiencia de terapia para asegurarse de que su percepción refleja la realidad. Ofrecerse como un 'yo auxiliar' de comprobación de la realidad. Realizar intervenciones y sesiones bien estructuradas.
Restablecimiento del equilibrio entre polaridades	**Placer-Dolor: Aumentar la sensibilidad al placer.**	Mejorar sentimiento de autovalía estimulándoloa reconocer sus atributos positivos y guiarlo a explorar actividades placenteras .
	Actividad-Pasividad: equilibrar los polos según los subtipos del trastorno.	Entrenamiento en habilidades sociales y el modelado para que el subtipo pasivo sea más activo y el subtipo activo canalice la energía hacia objetivos gratificantes y sea más pasivo en cuanto a evitar las posibles amenazas, casi ilusorias.
Modificar las principales disfunciones	**Prevenir el aislamiento social.**	Entrenamiento de las habilidades sociales, reorientación cognitiva y control del entorno para desarrollar relaciones sociales .
	Anular la dependencia excesiva.	Enseñar habilidades sociales básicas para que adquieran cierta independencia. Estimularlos a que practiquen por sí solos tanto como sea posible.
	Reducir las preocupaciones de la fantasía.	Enseñarle a reconocer cuando está distorsionando la realidad a través de la fantasía.
Contrarrestar la tendencia a la perpetuación	**Corregir los comportamientos excéntricos.**	Modelado, entrenamiento en habilidades sociales y el simple complejo para tratar estos comportamientos.
	Invertir el estilo cognitivo autista.	Enseñar habilidades cognitivas para alterar patrones desadaptativos de pensamiento, contrarrestando ideas y predicciones.
	Reconstruir la autoimagen enajenada.	Mejorar sentimiento de autovalía y estimular a reconocer sus atributos positivos y explorar actividades sociales gratificantes.

TRASTORNO LÍMITE DE LA PERSONALIDAD

Características de la polaridad	**Placer-Dolor**	Oscilan entre la motivación a través del dolor y el placer.
	Actividad-Pasividad	Oscilan entre tomar una actitud activa o pasiva en relación a la manipulación de su entorno.
	Sí mismo-Otros	Oscilan en volverse hacia los demás o hacia sí mismos en busca de gratificación.
Tendencias a la perpetuación		Suelen adoptar estrategias de afrontamiento opuestas cuando se dan cuenta de que sus patrones comportamentales más habituales no producen las consecuencias deseadas.
	ÁMBITOS PERSONOLÓGICOS	
Nivel comportamental	**Expresivamente irregular**	Niveles de energía inusitados con arranques de impulsividad inesperados y súbitos; cambios repentinos y endógenos de sus impulsos y sus controles inhibitorios; esto pone en peligro la activación y el equilibrio emocional, y provoca conductas recurrentes de automutilación o suicidio.
	Interpersonalmente paradójico	Aunque necesita atención y afecto, es contrariamente manipulador y voluble, suscitando rechazo más que apoyo; reacciona frenéticamente al temor al abandono y la soledad, pero de forma autolesiva.
Nivel fenomenológico	**Cognitivamente caprichoso**	Sus percepciones o pensamientos sobre lo que ocurre cambian rápidamente, igual que las emociones contrarias y los pensamientos conflictivos sobre sí mismo y los demás, pasando del amor a la ira y a la culpa; en efecto, provoca en los otros reacciones vacilantes y contradictorias.
	Autoimagen insegura	Experimenta confusiones propias de un sentido de identidad inmaduro, nebuloso o cambiante, que suelen acompañarse de sentimientos de vacío; busca redimir sus acciones con comportamientos autopunitivos.
	Representaciones objetales incompatibles	Las representaciones internalizadas se crearon forma rudimentaria y se componen de aprendizajes repetidamente abortados que dan lugar a recuerdos conflictivos, actitudes discordantes, necesidades contradictorias, emociones contrarias, impulsos descontrolados, etc.
Nivel intrapsíquico	**Mecanismo de regresión**	En situaciones de estrés retrocede hacia niveles de tolerancia muy primitivos de la ansiedad, control de los impulsos y adaptación social; comportamientos inmaduros o infantiles ya desde la adolescencia.
	Organización dividida	Las estructuras internas están divididas y tienen una configuración conflictiva por la falta de consistencia y congruencia; los niveles de conciencia suelen variar, moviendo las percepciones, los recuerdos y los afectos contrarios, provocando periódicamente episodios psicóticos.
Nivel biofísico	**Estado de ánimo lábil**	No consigue adaptar su estado de ánimo inestable a la realidad externa; experimenta cambios acusados desde la normalidad a la depresión o excitación, del abatimiento y apatía a la ira intensa y ansiedad o euforia.
	CURSO DEL TRATAMIENTO	
OBJETIVOS		**TÉCNICAS**
Establecer una relación terapéutica		Intervenciones de apoyo para establecer una alianza de trabajo sólida capaz de alterar la idea del paciente sobre los peligros inherentes a la relación. Ayudarlo a establecer objetivos comportamentales que les proporcionen éxito inicial en el tratamiento.
Restablecimiento del equilibrio entre polaridades	**Reducir los conflictos entre dolor-placer, actividad-pasividad y sí mismo-otros.**	Informar de manera empática las inevitables consecuencias negativas de adoptar comportamientos extremos. Enseñar estrategias de afrontamiento más adaptativas y moderadas.
Contrarrestar la tendencia a la perpetuación	**Reducir la emocionalidad caprichosa.**	Animar al paciente a expresar sentimientos negativos de forma moderada.
	Moderar las actitudes incoherentes.	Análisis de sueños, la asociación libre, las imitaciones y las exposiciones. Ayudarlo a comprender la conexión entre sus síntomas presentes y su historia previa para que tome conciencia de sus actitudes incoherentes desadaptativas.
	Adaptar los comportamientos imprevisibles	Ayudarlo a tolerar la ansiedad que causa el hecho de adoptar comportamientos contradictorios e imprevisibles. Evaluar si la amenaza que percibe es real o imaginada para poder elegir una respuesta más saludable. Examinar ventajas y desventajas de intentar nuevos comportamientos.
Modificar las principales disfunciones	**Estabilizar el comportamiento interpersonal paradójico.**	Evaluar y modificar el pensamiento dicotómico, causa de su conducta paradójica. Enseñarle los puntos medios entre las conductas para que tome conciencia de que el mundo no se estructura en blanco y negro.
	Reconstituir la autoimagen inestable.	Examinar los primeros recuerdos para que tome conciencia de las emociones contrapuestas, las necesidades contradictorias y las representaciones equivocadas que se tiene de los demás e ir estabilizando la estructura de la personalidad.
	Estabilizar estados de ánimo lábiles.	Intervención psicofarmacológica para estabilizar el temperamento que presenta el paciente.

TRASTORNO PARANOIDE DE LA PERSONALIDAD

Características de la polaridad	Placer-Dolor	Altamente sensibles al dolor psíquico, anticipando rechazo y humillación. Evitan situaciones aversivas o que proporcionan un refuerzo negativo.
	Sí mismo-Otros	Cautelosos de lo que los demás pueden hacer para dañarlos, han aprendido a aislarse y centrarse en sí mismos.
Tendencias a la perpetuación		El carácter suspicaz y la desconfianza extrema hacia los demás constituyen el punto central de los problemas que presentan. Vigilan constantemente ante los indicios de rechazo, acaban siempre por descubrirlos. Las acusaciones y provocaciones, combinadas con la proyección de su propia inseguridad en los demás generan la hostilidad ajena.
ÁMBITOS PERSONOLÓGICOS		
Nivel comportamental	Expresivamente defensivo	Vigilante, alerta para anticipar y detener el menosprecio, las intenciones maliciosas y los engaños; se resiste a las fuentes de control externas.
	Interpersonalmente provocativo	Guarda rencor y no olvida los agravios del pasado; actitud pendenciera, reacia y hostil hacia los conocidos recientes; comprobación de lealtad y preocupación inquisidora de intenciones ocultas.
Nivel fenomenológico	Cognitivamente suspicaz	Escéptico, cínico y desconfiado hacia las intenciones de los demás; busca significados ocultos en temas neutros y exagera dificultades como si se trataran de segundas intenciones o traiciones, sobre todo en cuanto a la fidelidad y confiabilidad en el cónyuge o en un amigo íntimo.
	Autoimagen inviolable	Ideas de autorreferencia, se siente excesivamente importante, considerando acciones neutras como despectivas y provocadoras; reacios a confiar en los demás y se aísla, aunque teme perder la identidad, el status y el poder de autodeterminación.
	Representaciones objetales inalterables	Internaliza representaciones de relaciones tempranas significativas que se configuran en creencias y actitudes profundas; se guían por convicciones inflexibles que constituyen una jerarquía fija de presupuestos, temores y conjeturas.
Nivel intrapsíquico	Mecanismo de proyección	Repudia rasgos y motivos personales indeseables y los atribuye a los demás; ciego a sus propias fallas, hiperalerta e hipercrítico con las características similares de los demás.
	Organización inflexible	La inflexibilidad del sistema de estructuras morfológicas que lo sustentan, la rigidez de los canales de afrontamiento, la mediación de conflictos y la necesidad de gratificación generan una estructura demasiado excitable, en tensión y poco acomodable para cambiar.
Nivel biofísico	Estado de ánimo irascible	Proceder frío, taciturno, grosero y sin sentido del humor; aparenta no tener emociones ni objetivos, pero es inquieto, envidioso, celoso, rápido de ofender y reacciona con cólera.
CURSO DEL TRATAMIENTO		
OBJETIVOS		**TÉCNICAS**
Establecer una relación terapéutica		Suscitar confianza mediante una serie de pasos lentos y progresivos y mostrar un respeto tranquilo, formal y verdadero.
Restablecimiento del equilibrio entre polaridades	Placer-Dolor: reducir el dolor.	Aceptar, sin confirmar, las creencias inusuales y permitirle que explore sus pensamientos y sentimientos a un ritmo tolerable. Mostrarle que puede compartir sus ansiedades con otras personas sin sufrir la humillación ni el maltrato a los que está acostumbrado.
	Sí mismo-Otros: incrementar el polo de los demás.	Estimularlo a explorar los beneficios de estar solo frente a mantener relaciones íntimas.
Contrarrestar la tendencia a la perpetuación.	Detener las provocaciones de rechazo.	Entrenamiento en habilidades sociales que ayude a superar la falta de atención hacia los demás y mejore su capacidad de empatía. Pedirle al paciente que anticipe el efecto de sus acciones sobre los demás y que imagine lo que sentiría si estuviera en su lugar.
	Modificar las mini-ideas delirantes rígidas.	Introducir un elemento de duda en su pensamiento en cuanto a la validez de sus creencias. Intervención farmacológica si empeora el contacto con la realidad y hay la posibilidad de un brote psicótico.
	Anular el retraimiento autoprotector.	Técnicas cognitivas para centrarse en la percepción irreal de su entorno y que conlleva a un retraimiento protector. Desarrollar hipótesis alternativas para poner en duda sus creencias. Estimularlo a que explore las características potencialmente positivas de los otros en las relaciones interpersonales.
Modificar las principales disfunciones	Alterar la autoimagen inviolable.	Registro de pensamientos y creencias que constituyen su auto-imagen para someterlos a prueba y adoptar nuevas creencias.
	Moderar el estado de ánimo irascible.	Entrenamiento en asertividad para enseñarle a expresar sus pensamientos de manera constructiva y sin la intensidad de la afectividad negativa. Análisis funcional para identificar y eliminar los elementos del ambiente que lo irritan.
	Reorientar la suspicacia cognitiva.	Monitorear experiencias interpersonales con las cogniciones y emociones las acompañan. Explorar explicaciones alternativas.

4. REFERENCIAS DEL CAPÍTULO:

Bates, J.E. (1980). The concept of difficult temperament. *Merrill-Palmer Quarterly*, 26, 299-319.

Bates, J.E. (1987). Temperament in infancy. En J.D. Osofsky (Ed.), *Handbook of infancy* (2° ed., pp. 1101-1149). New York: Wiley.

Beck, A.T., Wright, F.D., Newman, C.F. & Liese, B.S. (1993). *Cognitive Therapy of Substance Abuse*. New York: Guilford Press.

Benjamin, L.S. (1974). Structural analysis of social behavior. *Psychological Review*, 81, 392-425.

Benjamin, L.S. (1984). Principles of prediction using structural analysis of social behavior (SASB). En R.A. Zucker, J. Aranoff & A.J. Rubin (Eds.), *Personality and prediction of behavior* (pp. 121-174). New York: Academic Press.

Beutler, L.E. & Clarkin, J.F. (1990). *Systematic treatment selection*. New York: Brunner/Mazel.

Binswanger, L. (1942). *Grundformen und erkenntnis menschlichen daseins*. Zurich: Niehaus.

Binswanger, L. (1947). *Ausgewählte vorträge und aufsätze*. Berne: Francke.

Boss, M. (1957). *Psychoanalyse und daseinsanalytik*. Berne: Hans Huber.

Boss, M. (1963). *Psychoanalysis and daseinanalysis*. New York: Basic Books.

Bowlby, J. (1982). *Attachment and loss. Vol. 1. Attachment*. New York: Basic Books. (Original work published 1969).

Cardenal, V., Sánchez, M.P. & Ortiz-Tallo, M. (2007). Adaptación y baremación al español del Inventario Clínico Multiaxial de Millon-III (MCMI-III). Madrid: TEA, Ediciones.

Cleckley, H. (1941). *The mask of sanity*. St. Louis: Mosby.

Cloninger, C.R. (1987). A systematic method for clinical description and classification of personality variants. *Archives of General Psychiatry*, 44, 573-588.

Cloninger, C.R., Svracic, D.M. & Przybeck, T.R. (1993). A psychobiological model of temperament and character. *Archives of General Psychiatry*, 50, 975-990.

Coolidge, F.L. & Merwin, M.M. (1992). Reliabilty and validity of the Coolidge Axis II Inventory: A new inventory for the assessment of personality disorders. *Journal of Personality Assessment*, 59, 223-238.

Costa, P.T. & McCrae, R.R. (1985). *The NEO Personality Inventory manual*. Odessa, FL: Pyschological Assessment Resources.

Costa, P.T. & McCrae, R.R. (1992). The five-factor model of personality and its relevance to personality disorders. *Journal of Personality Disorders*, 6, 343-359.

Ellis, A. (1958). Sex Without Guilt. NY: Hillman.

Ellis, A. (1962). *Reason and emotion in psychotherapy*. New York: Lyle Stuart.

Ellis, A. (1967). Goals of psychotherapy. En A.R. Mahrer (Ed.), *The goals of psychotherapy*. New York: Appleton-Century- Crofts.

Frankl, V.E. (1955). The doctor and the soul: An introduction to logotherapy. New York: Knopf.

Frankl, V.E., (1966). Logotherapy and existential analysis: A review. *American Journal of Psychotherapy*, 20, 252-260.

Gunderson, J.G. & Singer, M.T. (1975). Defining borderline patients: An overview. *American Journal of Psychiatry*, 132, 1-10.

Gunderson, J.G., Kolb, J.E. & Austin, V. (1981). The diagnostic interview for borderline patients. *American Journal of Psychiatry*, 138, 896-903.

Gunderson, J.G., Ronningstam, E. & Bodkin, A. (1990). The diagnostic interview for narcissistic patients. Archives of General Psychiatry, 47, 676-680.

Hare, R.D. (1985). *The Psychopathy Checklist*. Unpublished manuscript, University of British Columbia, Vancouver, Columbia.

John, O.P. (1990). The 'big five' factor taxonomy: Dimensions of personality in the natural language and in questionnaires. En L.A. Pervin (Ed.), *Handbook personality theory and research* (pp. 66-100). New York: Guilford.

Kagan, J. (1989). Temperamental contribution to social behavior. *American Psychologist*, 44, 668-674.

Klein, M.H., Benjamin, L.S., Rosenfeld, R., Treece, C., Husted, J. & Griest, J.H. (1993). The Wisconsin Personality Disorders Inventory: Development, reliability, and validity. *Journal of Personality Disorders*, 7, 285-303.

Lazarus, A.A. (1968). Learning theory and the treatment of depression. *Behavior Research and Therapy*, 6, 83-89.

Lazarus, A.A. (1981). *The practice of multimodal therapy*. New York: McGraw-Hill.

Livesley, W.J. & Schroeder, M.L. (1990). Dimensions of personality disorder: The DSM-III Cluster-A diagnoses. *Journal of Nervous & Mental Disorders*, 178, 627-635.

Livesley, W.J. (1987). Theoretical and empirical issues in the selection of criteria to diagnose personality disorders. *Journal of Personality Disorders*, 1, 88-94.

Livesley, W.J., Jackson, D.N. & Schroeder, M.L. (1992). Factorial structure of traits delineating personality disorders in clinical and general population samples. *Journal of Abnormal Psychology*, 101, 432-440.

Loranger, A.W., Susman, V.L., Oldham J.M. & Russakoff, L.M. (1987). The Personality Disorder Examination: A preliminary report. *Journal of Personality Disorders*, 1, 1-13.

May, R. & Van Kaam, A. (1963). Existential theory and therapy. En J.H. Masserman (Ed.), *Current psychiatric* (Vol. 3).

New York: Grune & Stratton.
May, R. et al. (1958). *Existence*. New York: Basic Books.
Michelsson, K., Rinne, A. & Paajanen, S. (1990). Crying, feeding and sleeping patterns in 1- to 12-month-old infants. *Child Care, Health and Development*, 16, 99-111.
Millon, T. (1969). *Modern psychopathology: A biosocial approach to maladaptative learning and functioning*. Philadelphia: Saunders.
Millon, T. (1981). Disorders of personality: DSM-III, Axis II. New York: Wiley.
Millon, T. (1988). Personologic psychotherapy : Ten commandments for a posteclectic approach to integrative treatment. Psychotherapy, 25, 209-219.
Millon, T. (1990). *Toward a new personlogy: An evolutionary model*. New York: Wiley.
Millon, T. (2002). Assessment is not enough: The SPA should participate in constructing a comprehensive clinical science of personality. *Journal of Personality Assessment*. 78 (2), 209-218.
Millon, T. & Davis, R. (1998). *Trastornos de la personalidad. Más allá del DSM-IV*. Barcelona: Masson.
Millon, T. & Grossman, S.D. (2005). Personology: A Theory based on evolutionary concepts. En M.F. Lenzenweger & J.F. Clarkin (Eds.), Major theories of personality disorder (págs. 332-390). Nueva York: Guilford Press.
Millon, T. & Grossman, S.D. (2006). Goals of a theory of personality. En J.C. Thomas, D.L. Segal & M. Hersen (Eds.), Comprehensive handbook of personality and psychopathology, Vol. 1: Personality and everyday functioning (págs. 3-22). Hoboken, NJ, US: John Wiley & Sons Inc.
Millon, T., Weiss, L., Millon, C. & Davis, R. (1994). *MIPS: Millon index of personality styles manual*. San Antonio: The Psychological Corporation.
Morey, L.C. (1992). *The Personality Assessment Inventory*. Odessa, FL: Psychological Assessment Resources.
Morey, L.C., Waugh, M.H. & Blashfield, R.B. (1985). MMPI scales for DSM-III personality disorders: Their derivation and correlates. *Journal of Personality Assessment*, 49, 245-251.
Norcross, J.C. & Goldfried, M.R. (Eds.). (1992). *Handbook of psychotherapy integration*. New York: Basic Books.
Papousek, H. & Papousek, M. (1975). Cognitive aspects of preverbal social interaction between human infants and adults. En R. Porter & M. O'Conner (Eds.), *Parent-infant interaction* (pp. 241260). Amsterdam: Elsevier.
Pfohl, B., Blum, N., Zimmerman, M. & Stangl, D. (1989). *Structured interview for DSM-III-R personality (SIDP-R)*. Iowa City: University of Iowa, Department of Psychiatry.
Phillips, K.A., Gunderson, J.G., Hirschfeld, R.M. & Smith, L.E. (1990). A review of the depressive personality. *American Journal Of Psychiatry*, 147, 830-837.
Plomin, R. (1990). The Role of inheritance in behavior. *Science*, 248, 183-188.
Rogers, C.R. (1959). A theory of therapy, personality and interpersonal relationships as developed in the client-centered framework. En S. Koch (Ed.). Psychology: A study of a science. Vol. III. Formulations of the person and the social context. New York: McGraw Hill.
Rorer, L.G. (1990). Personality assessment: A conceptual survey. En L.A. Perwin (Ed.), *Handbook of Personality: Theory and Reserch* (pp. 693-724). New York: Guilford.
Schroeder, M.L., Wormworth, J.A. & Livesley, W.J. (1993). Dimensions of personality disorder and the five-factor model of personality. En P.T. Costa, Jr. & T.A. Widiger (Eds.), *Personality disorders and the five-factor model of personality* (pp. 117-127). Washington, DC: American Psychological Association.
Spitz, R.L. (1965). *The first year of life*. New York: International Universities Press.
Spitzer, R.L. & Williams, J.B. (1986). *Structures clinical interview for DSM-III-R*. New York: New York Psychiatric Institute.
Strak, S. & Millon, T. (2007). Contributions to the dimensional assessment of personality disorders using Millon's model and the Millon Clinical Multiaxial Inventory (MCMI-III). Journal of Personality Assessment. Special Issue: Dimensional versus categorical personality disorder diagnosis: Implications from and for psychological assessment, 89 (1), 56-69.
Tellegen, A. (1982). *Brief manual for the Multidimensional Personality Questionnaire*. Unpublished manuscript, University of Minnesota, Department of Psychology, Minneapolis.
Tellegen, A. (1985). Structures of mood and personality and their relevance to assessing anxiety, with an emphasis on self-report. En A. H. Tuma & J. Maser (Eds.), *Anxiety and the anxiety disorders* (pp. 681-706). Hillsdale, NJ: Erlbaum.
Thomas, A., Chess, S. & Korn, S.J. (1982). The reality of difficult temperament. *Merrill-Palmer Quarterly*, 28, 1-20.
Werner, H. (1940). *Comparative psychology of mental development*. New York: Brunner/Mazel.
Williams, R.J. (1973). The biological approach to the study of personality. En T. Millon (Ed), *Theories of psychopathology and personality* (2da ed.). Philadelphia: Saunders.

3º CAPÍTULO

LA TERAPIA DE ESQUEMAS DE JEFFREY YOUNG

Por: Jordi Cid Colom
Julio Obst Camerini
Andrés Fernando López Pell
Juan Manuel Rondón
Cecilia Cellerino
Silvina María Alfano

Psicólogo Clínico. Terapeuta de Esquemas Acreditado por la International Society of Schema Therapy. Coordinador de Programas. Dirección Asistencia Red de Salud Mental de las Comarcas de Gerona. Institut d' Asistencia Sanitària, Girona, España. jordi.cid@ias.scs.es

Licenciado, profesor y doctor en Psicología, entrenado en Terapia Cognitiva con Aaron Beck en Philadelphia, con Albert Ellis en New York y en Psicodrama con Carl Hollander en Denver, Supervisor T.R.E.C. certificado por el Albert Ellis Institute de New York. Coordinador en Argentina de ALAMOC (Asociación Latinoamericana de Modificación de la Conducta). Director del Centro Argentino de Terapia Racional Emotiva y Cognitiva Conductual (CATREC) afiliado al Albert Ellis Institute. Ha dictado más de 100 cursos de posgrado para licenciados en psicología y médicos psiquiatras, en varias ciudades de Argentina, México, Perú, Panamá, Chile, Brasil, Costa Rica, Paraguay y Bolivia.

1. TEORÍA DE LA PERSONALIDAD

Se ha desarrollado en los últimos años dentro del paradigma cognitivo conductual un modelo de abordaje terapéutico denominado Terapia de Esquemas (TE). Ésta es una forma de psicoterapia integrativa que combina elementos cognitivos, conductuales, psicodinámicos, de las relaciones objetales y humanistas/existenciales (Young, Klosko & Wheishar, 2003). Surge a partir de los conceptos teóricos desarrollados por Beck, especialmente en el área de los trastornos de personalidad, los esquemas, las estrategias y los modos (Alford & Beck, 1997; Beck, 1996; Beck, Freeman, Davis y otros, 2005). La TE ha sido desarrollada por Jeffrey Young (1990; 1993) para tratar a pacientes que reciben un diagnóstico de trastornos de la personalidad o aquellos con problemas psicológicos que se consideran difíciles de tratar, porque suponen un reto desde la perspectiva del terapeuta. La TE se desarrolla para tratar problemas psicológicos graves, arraigados, de larga duración y que presentan dificultades por generar y mantener la estabilidad sintomática, recaídas constantes, problemas interpersonales o rigidez de patrones conductuales (Young, 1993). Si bien inicialmente fue conceptualizada como una terapia para los Trastornos de la personalidad, en la actualidad se la utiliza y con eficacia para lo que en el DSM-IV TR serían los trastornos del Eje I (American Psychiatric Association, 2002) dentro de los cuales se encuentra la depresión, ansiedad, trastornos alimentarios.

Cuando presentó sus fundamentos Jeffrey Young consideró que el abordaje tradicional de la terapia cognitiva en ese momento no tenía un desarrollo suficientemente amplio y específico para los pacientes con trastornos de personalidad. Su argumento era que estos pacientes no cumplen con ciertos requisitos o supuestos del modelo clásico, debido a las siguientes cuestiones:

1. Dificultades en la identificación de sentimientos y cogniciones. Es bien conocido que las personas con problemas de personalidad bloquean sus emociones y pensamientos. Muchos tienen una tendencia afectiva de evitar las emociones.

2. Problemas para el cumplimiento de las tareas para casa. La colaboración y la motivación para trabajar entre sesión y sesión es difícil de obtener en los TP. Las tareas y/o deberes que se asignan habitualmente en la terapia se tornan de difícil seguimiento.

3. Imposibilidad de definir y clarificar los problemas de la vida. Presentan problemas difusos, vagos que no saben definir como objetivos del tratamiento.

4. Resistencias a una relación terapéutica colaboradora. No es tarea fácil aplicar ni encontrar el empirismo colaborador en el que se fundamenta la terapia cognitiva. Muestran dificultades en sus relaciones interpersonales, tienen problemas para tener una buena alianza terapéutica. En el tratamiento se va a necesitar manejar estas dificultades de manera activa.

5. Dificultades para modificar sus creencias rígidas. Las técnicas utilizadas en la terapia cognitiva, en muchos casos no son suficientes para cambiar los patrones autodestructivos y la rigidez de pensamientos. Las creencias y los patrones autodestructivos forman parte de la definición de la identidad de los pacientes con TP, muchas veces el cambio sólo es parcial.

CONCEPTOS BÁSICOS

Para este modelo de abordaje, Young y Klosko (2007) definen una subcategoría de esquemas: los Esquemas Tempranos Inadaptados (ETI). Estos son patrones disfuncionales -auto-saboteadores- de pensamiento y emoción que se iniciaron en temprana edad y se reiteran a lo largo de la vida. Según esta definición, las conductas inadaptadas no son componentes de esquemas, sino que son las respuestas a estos. Las conductas son causadas por los esquemas, pero no son parte de los mismos. No obstante, Cid (2009) los denomina 'Esquemas Precoces Desadaptativos', definiéndolos como temas amplios y persistentes formados por recuerdos, emociones, pensamientos y sensaciones corporales que hacen referencia al análisis de uno mismo y de las relaciones con los demás. Estas se originan durante la infancia y se van elaborando a lo largo de la vida del individuo, siendo disfuncionales en grado significativo.

Los ETI se originan en representaciones basadas en la realidad y en su comienzo pueden generar respuestas adaptadas a éstas. Su disfuncionalidad se muestra más tarde en la vida, cuando esas percepciones o apreciaciones ya no son ajustadas a la realidad. Los mecanismos humanos de supervivencia, en particular el impulso a la consistencia cognitiva -o a evitar la disonancia cognitiva-, generan la poderosa energía que los defiende ante todo intento de modificarlos, forzando a las otras percepciones a ajustarse a ellos (Young & Klosko, 2007).

Pero estos esquemas pueden tener distintos grados de gravedad y de rigidez o resistencia al cambio. La gravedad puede definirse por la cantidad de situaciones que los activan. La mayor o menor severidad y resistencia al cambio dependerán de lo temprano -o tardío- de la edad en que se generaron, de la cantidad de figuras significativas que lo generaron y de la cantidad -o duración- de las situaciones que lo generaron. Por ejemplo, será más severo y rígido un esquema generado por ambos progenitores, desde la edad de 4 o 5 años y durante toda la infancia, que uno generado por un solo progenitor, o solamente por un maestro, en un episodio único, cuando tenía 12 años de edad (Obst Camerini, 2008)

Podemos decir que hay esquemas positivos (i.e., adaptados) y negativos (i.e., inadaptados), así como tempranos y tardíos (Obst Camerini, 2008). Pero al hablar de esquemas en este capítulo estaremos refiriéndonos específicamente a los esquemas tempranos e inadaptados -negativos- (ETI) por su relación causal con los trastornos de personalidad que queremos abordar.

En resumen, las características más relevantes de los ETI son las siguientes:

(1) Son verdades a priori acerca de uno mismo y del ambiente, estructuras centrales del autoconcepto.

(2) Se autoperpetúan y son resistentes al cambio; es decir, no se modifican y se mantienen a lo largo del tiempo.

(3) Son disfuncionales o desadaptativos; con consecuencias autodestructivas y/o daño significativo para los demás. Interfieren de forma significativa en la satisfacción de las necesidades nucleares de autonomía, unión con los demás, autoexpresión, límites, gratificaciones y autoestima necesarias para una calidad de vida saludable.

(4) Son activados por cambios ambientales relevantes al esquema o por estados de ánimo o estados biológicos. No siempre están en nuestra conciencia. Cuando se activan se acompañan de altos niveles de afecto o emociones.

(5) Son el resultado de la interacción del temperamento con las experiencias nocivas o interacciones dolorosas y disfuncionales con los miembros de la familia o cuidadores en la infancia.

Finalmente, se nombrarán y describirán brevemente los 18 esquemas tempranos inadaptados propuestos por Young y Klosko (2007) que se relacionan con las necesidades básicas que se exponen más adelante, cuando estas no han sido satisfechas adecuadamente. Estos esquemas, a su vez, se agrupan en cinco dimensiones o dominios:

1) DESCONEXIÓN TEMPRANA Y RECHAZO

1. Abandono/Inestabilidad. La percepción de inestabilidad o de poca seguridad, de que se dispone de soporte y relación con los demás.

2. Desconfianza/Abuso. La expectativa de que los otros lo herirán, abusarán, humillarán, burlarán, mentirán, manipularán, aprovecharán.

3. Privación emocional. La expectativa de que sus deseos propios de tener un grado normal de soporte emocional (i.e., cuidado, empatía o protección) no se satisfacerán adecuadamente con los otros.

4. Defectuosidad/Vergüenza. El sentimiento que uno es defectuoso, malo, no querido, inferior o inválido en aspectos importantes; o de que uno sería no querido de forma significativa por los demás si se muestra tal como es.

5. Aislamiento social/Alienación. La sensación de que uno está aislado del resto del mundo, diferente de los demás y no participa o forma parte de un grupo o comunidad.

2) TRASTORNOS DE AUTONOMÍA Y RENDIMIENTO

6. Dependencia/Incompetencia. Creencia de que uno es incapaz de realizar sus responsabilidades diarias de forma competente, sin considerable ayuda de los demás.

7. Vulnerabilidad al peligro. Miedo exagerado a que una 'fortuita/azarosa' catástrofe podría ocurrir en cualquier momento y que no será capaz de prevenirla. Los miedos son médicos, emocionales, naturales/fobia.

8. Apego. Emocionalmente se encuentra excesivamente implicado y unido con una o más personas significativas -a menudo los padres-, a expensas de una completa individualización o un desarrollo social normal.

9. Fracaso. La creencia de que uno ha fracasado, inevitablemente fallará o que fundamentalmente resulta inadecuado en relación a los grupos de iguales, en áreas de rendimiento (e.g., escuela, carrera, deportes, etc.).

3) LÍMITES ALTERADOS

10. Grandiosidad. La creencia de que uno es superior a los demás, que le da derecho a privilegios y derechos especiales; o no tener que limitarse por las reglas de reciprocidad que guían la interacción social habitual.

11. Insuficiente autocontrol. Dificultad persistente o negativa de emplear o usar el suficiente autocontrol y tolerancia a la frustración para conseguir sus propios objetivos, o contener/reprimir de forma excesiva la expresión de sus emociones e impulsos.

4) FOCALIZACIÓN EN LOS OTROS

12. Subyugación. Excesivamente entregados/abandonados al control de los demás porque uno se siente coaccionado: usualmente para evitar la cólera, represalias o el abandono. Las dos formas más importantes son la subyugación de necesidades y de emociones.

13. Autosacrificio. Excesivamente centrado de forma voluntaria en las necesidades de los demás en las situaciones diarias, a expensas de su propia gratificación.

14. Búsqueda de aprobación/Búsqueda de reconocimiento. Excesivo énfasis en encontrar aprobación, reconocimiento o atención en los demás, o en llevarse bien, a expensas de desarrollar un sentido seguro y verdadero de uno mismo. Su autoestima depende principalmente de las reacciones de los demás más que de sus propias inclinaciones naturales.

5) HIPERVIGILANCIA E INHIBICIÓN

15. Negatividad -eventos controlables-. Una penetrante focalización de toda la vida en los aspectos negativos de la vida, mientras minimizan o niegan los aspectos positivos u optimistas, o una exagerada expectativa de que las cosas saldrán seriamente mal.

16. Inhibición emocional. Excesiva inhibición de la acción espontánea, sentimientos o comunicación, por lo general para crear un sentimiento de seguridad y pronóstico; o para evitar cometer errores, la desaprobación de los demás, catástrofe y caos, o la pérdida de control de los propios impulsos.

17. Metas inalcanzables. La creencia profunda de que uno debe esforzarse por encontrar unos estándares internos de conducta y rendimientos muy elevados, normalmente para evitar las críticas.

18. Castigo. La creencia que las personas serán duramente castigadas al cometer errores, incluso él mismo.

ORÍGENES Y CLASIFICACIÓN DE LOS ESQUEMAS

Según este modelo, los ETI se originan en necesidades emotivas insatisfechas en la infancia. Éstas son necesidades básicas que todo niño tiene que tener cubiertas y debe aprender a negociarlas con sus padres, familia y el grupo de pares, con el fin de conseguir un óptimo desarrollo y funcionamiento adaptativo a lo largo de la vida. Estas cinco necesidades universales emotivas según Young y Klosko (2007) se enuncian como:

- Pertenencia. Integrada por:

• Seguridad

- Estabilidad
- Afecto, cariño
- Aceptación
    - Autonomía, competencia y sentido de identidad.
- Libertad para expresar emociones y deseos válidos.
- Espontaneidad y juego.
- Límites realistas y autocontrol.

Finalmente, es importante señalar que Young y Klosko, (2007) han observado que existen cuatro tipos de experiencias vitales que promueven la aparición de los esquemas. La primera es la que denominan frustración tóxica de las necesidades que se produce cuando el niño recibe 'muy poco de algo bueno' y adquiere esquemas tales como la Privación emocional o Abandono/Inestabilidad, debido a ciertas deficiencias en su ambiente temprano. De esta manera, el ambiente del niño está perdiendo estabilidad, comprensión o amor. El segundo tipo de experiencia vital temprana hace referencia a la traumatización; en este sentido, el niño es dañado, criticado, controlado o victimizado. Estas experiencias llevan a que el niño desarrolle esquemas tales como Abuso/Desconfianza o Vulnerabilidad al peligro. Con respecto al tercer tipo de experiencia vital, el niño recibe demasiado de algo bueno, es decir, los padres brindan al niño demasiado de algo que, en moderación, es saludable para él mismo, lo que a su vez contribuye a generar esquemas tales como Dependencia funcional o Grandiosidad. Por último, el cuarto tipo de experiencia vital consiste en la interiorización selectiva o identificación con otros significativos. Con respecto a este tipo de experiencia, el niño se identifica de manera selectiva e interioriza los pensamientos, las sensaciones y las experiencias de sus padres, en otras palabras, el niño lo que hace es interiorizar los esquemas de sus padres, lo que da lugar a que se origine, por ejemplo, el esquema de Vulnerabilidad.

LOS ESTILOS INADAPTADOS Y LAS RESPUESTAS DE AFRONTAMIENTO

Existen tres estilos inadaptados de afrontamiento ante la frustración de las necesidades emocionales que mencionamos anteriormente. Se los puede definir como formas de hacer frente a las necesidades básicas, a los conflictos y a las situaciones estresantes, que refuerzan y mantienen a los ETI, y que empiezan de manera temprana para permitir una adaptación a los esquemas, para no experimentar las intensas y arrolladoras emociones que estos engendran (Young & Klosko, 2007). Los tres estilos de afrontamiento desadaptativos hacen referencia a las tres respuestas básicas ante la amenaza: la lucha, la huída y el quedarse inmóvil; específicamente la lucha es sobrecompensación, la huída es evitación y quedarse inmóvil es rendición. Es importante tener en cuenta que si bien estos estilos de respuesta fueron posiblemente funcionales y útiles en la infancia, en la edad adulta podrían resultar disfuncionales que no permiten adaptarse de una manera saludable y, por lo tanto, impiden la satisfacción de las necesidades básicas de todos los seres humanos (Young & Klosko, 2007). Los pacientes suelen referirse a estas cosas como 'lo que nos hacen tropezar una y otra vez, con la misma piedra'.

1.Sobrecompensación. Hace referencia a conductas o pensamientos que intentan superar y hacer frente al esquema. Muchas veces se pueden observar como conductas o estilos de funcionamiento totalmente contrarios a los que esperamos según el esquema. Son intentos parciales de hacer frente al mismo, aunque como son excesivos o exagerados, siempre terminan en la activación del esquema. Entonces, si una persona fue sometida en la infancia, ahora es desafiante; si fue controlada, desafía toda forma de influencia sobre ella; tener un estilo de vida completamente autosuficiente y aparentando que nunca necesita nada puede ser un intento de compensar sentimientos y creencias de incompetencia.

2.Evitación. Esta alternativa consiste en estrategias cognitivas, emocionales o conductuales por las cuales el sujeto intenta eludir los pensamientos o las situaciones que pudieran activar el esquema y la experimentación de la intensa emoción o tono emocional que le acompaña. Su instauración se realizaría por condicionamiento aversivo. Estos procesos pueden ser automáticos o intencionales y se van desarrollando a lo largo de la vida del individuo. Explicarían por ejemplo la falta de expresión emocional ante eventos traumáticos o el olvido de elementos autobiográficos significativos, como por ejemplo, malos tratos, abusos sexuales, etc.

3.Rendición. Consiste en aceptar plenamente y favorecer el cumplimiento o confirmación del esquema. Los pacientes buscan las relaciones que reiterarán las situaciones generadoras del esquema o reaccionan con excesiva intensidad emotiva ante disparadores del esquema. Por ejemplo, reiteran parejas abusivas o descalificadoras o generan reacciones negativas en otros y responden con exacerbado resentimiento o depresión ante esas reacciones.

Finalmente, se denomina respuestas de afrontamiento a las conductas concretas que se desarrollan de acuerdo a los esquemas y a los estilos de afrontamiento de cada paciente (Young & Klosko, 2007). Para una mejor comprensión de los conceptos antes descriptos, en la Figura 1 se los esquematiza.

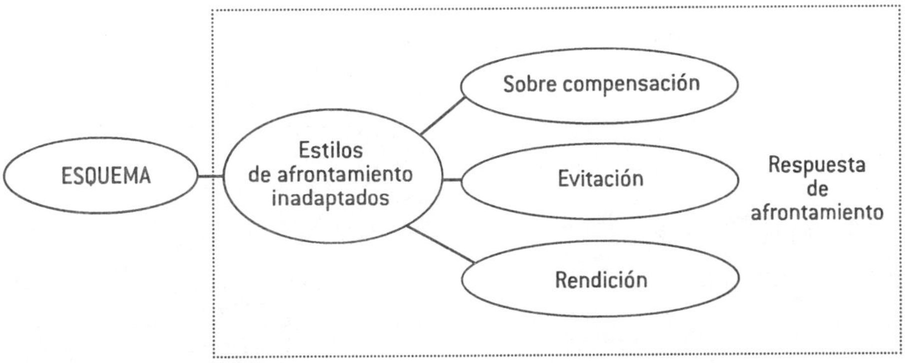

Figura 1: Estilos de afrontamiento inadaptados **Fuente:** (López Pell, Cid Colom, Obst Camerini, Rondón, Alfano & Cellerino, 2011).

OPERACIONES DE LOS ESQUEMAS

Young y Klosko (2007) reagruparon los estilos de afrontamiento desadaptativos en dos operaciones básicas de los esquemas:

1. La perpetuación. Incluye todo lo que hace el paciente (i.e., pensamientos, emociones o conductas) que sostiene y perpetúa al esquema.

2. La sanación. Incluye todo lo que haga el paciente que produzca la disminución de cualquiera de los componentes del esquema. Este sería el objetivo de la terapia, que implica disminuir la intensidad de los recuerdos conectados con el esquema, la carga emocional, la intensidad de las sensaciones corporales y las cogniciones desadaptativas. Esto también conlleva un cambio de la conducta, donde el paciente reemplaza los estilos de afrontamiento desadaptativos por patrones conductuales adaptativos.

LOS MODOS

Las personas no tienen sus esquemas permanentemente activos, sino que éstos se activan en determinados momentos. A su vez, las personas disponen de diversos estilos de afrontamiento, pero no siempre los están utilizando. Frente a determinados disparadores la persona activa alguno(s) de sus esquemas. A su vez los esquemas activos despliegan alguno de los varios estilos de afrontamiento característicos de la persona, concretado en cada caso en una de las conductas posibles dentro de ese estilo. Sin embargo, podemos observar que ciertos esquemas y estilos de afrontamiento se disparan juntos. A estos esquemas y/o estilos de afrontamiento agrupados se les ha denominado modos (véase Figura 2). Las personas cambian sus modos en diversos momentos y ante diversas circunstancias. Asimismo, el concepto de modos en cierta forma se relaciona con un grado de disociación, siendo sus ejemplos más extremos el trastorno de personalidad múltiple y el trastorno de personalidad límite. Por su parte, las personas saludables, aunque exhiben diferentes modos, estos no son muy diferentes entre sí, generalmente son la combinación de varios y en ellas el sentido de una única identidad permanece intacto.

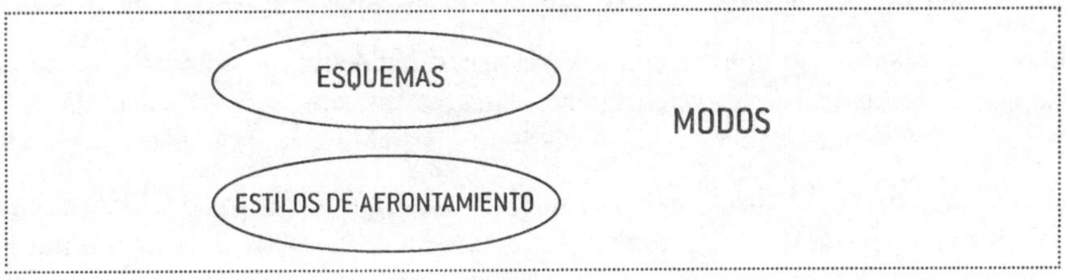

Figura 2. Modos - **Fuente:** López Pell et al., 2011.

En general podemos decir que los modos en cada persona pueden variar en sus características dentro de los siguientes parámetros (Young & Klosko, 2007) que se presentan en la tabla 1:

DISOCIADO	←— —→	INTEGRADO
No consciente	←— —→	Consciente
Inadaptado	←— —→	Adaptado
Extremo	←— —→	Leve
Rígido	←— —→	Flexible
Puro	←— —→	Mezclado

Tabla 1: Parámetros modales.

Los 10 modos descriptos por Young y Klosko (2007) se muestran en la tabla 2:

Modos de niño	1- Niño Vulnerable	Abandonado
		Abusado
		Carente de afecto
		Rechazado
	2- Niño Enojado	
	3- Niño Impulsivo- Indisciplinado	
	4- Niño Feliz	
Modos disfuncionales de afrontamiento	5- Sumiso-Claudicante	
	6- Distanciado Protector	
	7- Sobre-compensador	
Modos parentales disfuncionales	8- Padre Punitivo	
	9- Padre Demandante	
Modo funcional	10- Adulto Saludable	

Tabla 2: Modos.

Según este modelo, podemos pensar que los Modos de niño son innatos y representan el campo emotivo de los seres humanos (Young & Klosko, 2007). Describirían el estilo emocional del paciente, y se le presupone influencia de variables temperamentales. Si bien los acontecimientos o circunstancias de la infancia pueden reducir, anular o incrementar los modos de niño, todas las personas nacen con la capacidad de manifestarlos.

– El modo Niño Vulnerable es considerado nuclear para el abordaje de los modos y el más importante para sanar. El modo Niño Vulnerable se puede ver como la conducta de un niño asustado, triste o incapaz, necesitado del cuidado, que no tiene, de los adultos. El esquema y la causa de este modo puede ser alguno de los siguientes: 'Abandonado' (i.e., haber sido dejado solo), 'abusado' (i.e., haber sido muy castigado o maltratado), 'carente de afecto' (i.e., no haber recibido cariño) o 'defectuoso' (i.e., haber sido muy criticado o descalificado). También puede tener otros esquemas como: 'vulnerable' (i.e., en riesgo de sufrir un daño o de enfermarse), 'dependiente' (i.e., incapaz de desenvolverse sin ayuda) o 'fracasado' (i.e., incapaz de éxito, nunca exitoso). Es decir, el modo Niño Vulnerable puede contener esquemas del grupo I (i.e., desconexión temprana y rechazo) generalmente originados en entornos familiares fríos, lejanos, explosivos, abusivos o impredecibles, o en esquemas del grupo II (i.e., trastornos de autonomía y rendimiento) generalmente originados en entornos familiares sobreprotectores o que desalientan el desempeño independiente o la autoconfianza.

– El modo Niño Enojado surge como respuesta a la necesidad de un tratamiento justo no obtenido o a situaciones que activan esquemas de abandono, abuso, sometimiento o falta de afecto. En este modo el paciente se enfurece, grita o reacciona violentamente (e.g., el niño que tiene una 'rabieta' al no obtener algo).

– El modo Niño Impulsivo o Indisciplinado exhibe poca tolerancia a la frustración o poca capacidad de postergación, realizando cualquier deseo o 'necesidad' sin previsión de consecuencias, sin límites ni consideración hacia los demás. Este modo suele aparecer junto con esquemas del grupo III, como el de 'Derechos/Grandiosidad' o el de 'Insuficiente Autocontrol o Autodisciplina'.

– El Niño Feliz es el modo propio de una saludable ausencia de activación de esquemas inadaptados.

Los Modos de Estilos de Afrontamiento Desadaptativos se entienden como los estilos de afrontamiento que se van aprendiendo para hacer frente a los Modos de niño, y hacen referencia a cómo las personas resuelven las situaciones conflictivas y manejan las emociones asociadas (Young & Klosko, 2007). Asimismo se corresponden con los tres estilos inadaptados de afrontamiento descriptos con anterioridad:

- El modo Sumiso corresponde al estilo 'rendición'. La persona se muestra pasiva, hace todo lo que otras personas desean que haga y puede ser obediente hasta el grado de permitir el abuso o la descalificación, para conservar la relación o evitar reacciones negativas o venganzas.

- El modo Distanciado corresponde al estilo 'evitación'. La persona adopta conductas de retraimiento, evitación de situaciones, desconexión de emociones, aislamiento, etc.

- El modo Sobrecompensador corresponde al estilo de 'sobrecompensación'. En este modo las personas obran como si fuera verdad todo lo opuesto a su esquema inadaptado. Si se creen defectuosos, actúan como perfectos o superiores a otros; si se creen culpables, acusan a los otros.

Los 'Modos disfuncionales parentales' surgen cuando el paciente incorpora las conductas disfuncionales de sus padres. Sería la voz internalizada de los padres, que correspondería a enseñanzas o mandatos de los padres que en la vida adulta no permiten una adecuada adaptación. Las dos formas más comunes son:

- El padre castigador, que critica y sanciona los errores o reprime la expresión de necesidades del niño.

- El padre demandante, que no castiga sino que pretende la perfección, los máximos niveles de realización, y se desilusiona o se muestra defraudado cuando no se cumplen, generando culpa o vergüenza en el niño.

Estos modos parentales disfuncionales suelen encontrarse en casos de severa depresión y en trastornos obsesivo-compulsivos.

Por último, dentro del 'Modo funcional':

- El modo Adulto saludable correspondería a todas las cosas buenas del autoconcepto del paciente, que permite generar una sensación de autoeficacia en las propias habilidades, autoestima para poder avanzar y compasión para poder aceptar las experiencias vitales negativas. En las personas saludables, este modo se activa con mayor frecuencia, está casi siempre presente y tiene fuerza suficiente para moderar a los otros modos cuando aparecen.

La finalidad de la terapia es desarrollar y aumentar la presencia y fuerza del modo adulto saludable enseñándole al paciente a moderar, suavizar o 'sanar' a los otros modos (Obst Camerini, 2008).

EL TEMPERAMENTO EMOTIVO

Como ya se hizo referencia, los modos de niño son innatos y están influenciados por variables temperamentales. Cada niño desde su nacimiento tiene un temperamento distinto, una forma innata de reaccionar emotivamente, de origen biológico y muy estable a través de toda la vida o muy difícil de modificar. Este temperamento interacciona con los acontecimientos de la vida, tanto en la determinación de la respuesta ante situaciones, favoreciendo ciertas emociones y conductas, como en la generación de las mismas situaciones. Asimismo, el temperamento de cada persona puede definirse de acuerdo a siete parámetros en puntos intermedios entre los dos extremos de cada uno:

LÁBIL	←— —→	NO REACTIVO
Distímico	←— —→	Optimista
Ansioso	←— —→	Calmo
Obsesivo	←— —→	Disperso
Pasivo	←— —→	Agresivo
Irritable	←— —→	Contento
Tímido	←— —→	Sociable

Tabla 3: Parámetros temperamentales.

A su vez, el temperamento influye en el estilo de afrontamiento que cada persona desarrolla ante sus esquemas y es un componente importante en la determinación de la forma en que una persona responderá a su entorno. Un temperamento no es ni bueno ni malo, tiene tanto ventajas como desventajas, y es muy resistente al cambio. Sin embargo, el paciente puede aprender a moderar sus respuestas emotivas y a modificar o hasta suprimir algunas conductas disfuncionales favorecidas por él (Obst Camerini, 2008).

Finalmente y a modo de síntesis en la figura 3 ilustramos los -conceptos fundamentales de la Teoría de Esquemas desarrollados a lo largo de este capítulo.

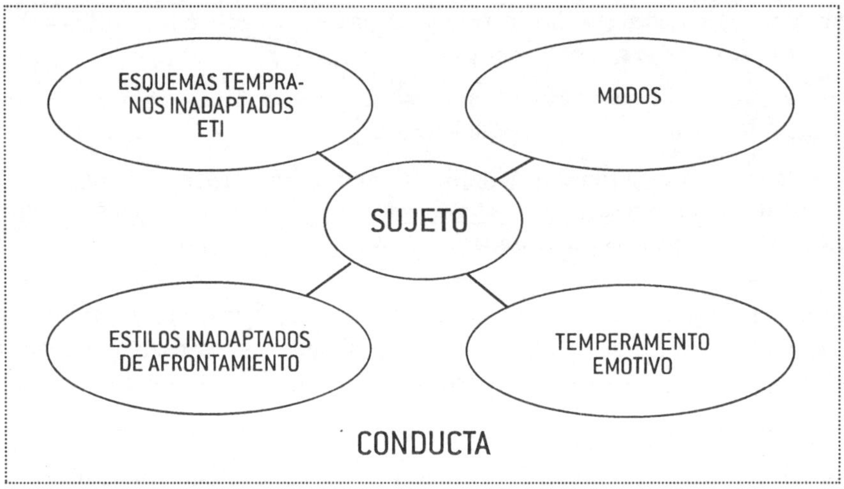

Figura 3. Conceptos fundamentales de la Teoría de Esquemas. **Fuente:** López Pell et al., 2011

2. ESTRATEGIAS DIAGNÓSTICAS

Dentro del tratamiento de los trastornos de personalidad, la primera etapa es la de evaluación, cuyos objetivos según Young (1996) son:

(a) Identificar los esquemas centrales de la vida del paciente, hacerlos relevantes en la conciencia, y delimitar su importancia en el funcionamiento psicológico.

(b) Unir los esquemas con los problemas actuales y de la historia de vida o experiencial.

(c) Hacer entrar al paciente en contacto con las emociones circundantes a estos esquemas.

(d) Identificar los estilos de afrontamiento disfuncionales que refuerzan los esquemas.

La evaluación es un proceso de concienciación que implica una construcción conjunta donde terapeuta y paciente identifican cuáles son los temas que definen la experiencia -que es dolorosa y que causa sufrimiento emocional-, se acceden a los recuerdos que van configurando las maneras de dar significado del sí mismo -la continuidad y persistencia del sufrimiento-, y se explicitan los estilos de afrontamiento que utilizan para funcionar en la vida -consecuencias y refuerzo del sufrimiento-. Para lograr esto, muchos son los recursos con los que se cuenta. Entre ellos, los más frecuentes son:

LOS CUESTIONARIOS

ENTRE ELLOS SE DESTACAN CINCO:

• Cuestionario de Esquemas de Young (Young Schema Questionnaire, 2001): Es el instrumento más conocido y consiste en un inventario autoadministrado que evalúa qué Esquemas Tempranos Inadaptados tiene probablemente un paciente. Este cuestionario tiene una versión larga -compuesta por 205 ítems- y una versión corta -de 75 ítems- y sus diferentes versiones han sido adaptadas a numerosas lenguas, tales como holandés (Rijkeboer & van den Bergh, 2004), castellano (Cid, Tejero & Torrubia, 1997; Cid & Torrubia, 2003), coreana (Baranoff, Oei, Seong & Seok-Man, 2006), Portugués (Gouveia, Chaves, Oliveira, Dias, Gouveia & An-drade, 2003), etc.

• Inventario de Estilos Parentales de Young (Young Parenting Inventory, 1994): Inventario autoadministrado de 72 items que identifica el origen probable de cada esquema para un paciente en particular.

- Inventario de Evitación de Young y Ryght (Young-Ryght Avoidance Inventory, 1994): Inventario autoadministrado de 40 ítems que mide el grado en que el paciente utiliza diversas formas de esquemas evasivos.
- El Inventario de Compensación de Young (Young Compensation Inventory, 1995): Inventario autoadministrado de 48 ítems que mide las formas más comunes que un paciente utiliza para sobrecompensar sus esquemas.
- El Inventario de Modos de Esquema (The Squema Mode Inventory, Young et al., 2007). Inventario autoadministrado de 124 ítems que mide los modos de esquemas.

LOS EJERCICIOS DE IMAGINACIÓN

Los ejercicios en que el paciente revive emotivamente situaciones perturbadoras han demostrado gran utilidad. El generar nuevamente las emociones propias de las situaciones originales es el recurso más sólido que disponemos para acceder a los pensamientos que las generan (Obst Camerini, 2008). Aunque en el ejercicio la situación no esté sucediendo realmente, las emociones son reales, y si las emociones son reales es porque están presentes las cogniciones que las generan. Dicho en pocas palabras: el ejercicio de imaginación dispara el esquema en el consultorio. Imaginar la situación permite tener la emoción y la cognición correspondientes en la misma sesión y disponibles en ese momento para la observación del terapeuta y el paciente.

En la práctica, esto se puede instrumentar de muchas formas. Por ejemplo, una forma de frecuente utilidad consiste en hacer que el paciente primero reviva en imaginación la situación que le generó la respuesta disfuncional o la emoción disfuncional. Luego, se le pide recordar situaciones anteriores, hasta llegar a una experiencia de su infancia en que sintió lo mismo. Esto suele conectar al paciente con la situación traumática que dio origen al esquema temprano inadaptado. El reconocimiento de esa situación, la comparación y diferenciación de la actual, la resignificación de la situación primitiva y otros ejercicios de fuerte contenido emotivo, característicos del psicodrama, suelen superar en eficacia a los simplemente cognitivos tradicionales.

El obstáculo más frecuente a este recurso parece ser el estilo evitativo, que se manifiesta cuando el paciente presenta dificultades, se resiste o 'no puede' hacer estos ejercicios (Obst Camerini, 2008). En primer lugar, esta dificultad es útil para conocer su estilo y también puede superarse, lentamente, con la discusión del problema y/o con ejercicios menos comprometidos al comienzo.

LAS PREGUNTAS Y LOS REPORTES

Las preguntas directas al paciente y los informes del paciente solicitados y presentados de diversas maneras, son también un recurso válido para conocer su temperamento, sus esquemas, sus modos, estilos de afrontamiento, etc.

LA CONDUCTA EN LA TERAPIA

La observación de la conducta del paciente en la terapia, en su relación con el terapeuta, en las tareas asignadas, etc., es otra forma natural y válida de conocer su temperamento, sus esquemas, sus modos, estilos de afrontamiento, etc. Su relación con el terapeuta muestra sus modos, de la misma manera que puede mostrar los modos del terapeuta.

RELATO DE SU HISTORIA

La historia del paciente, las cosas que le sucedieron, la forma en que reaccionó, la forma en que reaccionaron los otros, incluyendo los principales acontecimientos de su infancia, y especialmente los traumáticos, son otra forma posible de acceder a sus esquemas, modos, etc. Por eso, esta es una información importante en esta etapa.

OTROS RECURSOS

Existen muchos recursos posibles, ya que el modelo no descarta ninguno. Entre otros posibles, se encuentra el relato -o representación- de los sueños, especialmente los reiterados y/o con mucho contenido emotivo.

3. TRATAMIENTO

Luego de haber llevado a cabo, junto con el paciente, una adecuada evaluación de los aspectos centrales antes planteados, tendrá lugar una segunda fase denominada proceso de cambio (Young & Klosko, 2007). Esta etapa tiene como objetivo principal de tratamiento un cambio en los esquemas y estilos de afrontamiento identificados, lo que significaría en mayor o menor grado: (a) un cambio en la forma de verse a sí mismo; (b) una consecución de unos patrones de vida más flexibles -modificación de estilos de afrontamiento-; (c) una adaptación más óptima a su medio y (d) una disminución del malestar psicológico. Esto implica, por lo general, utilizar diferentes estrategias según los diferentes componentes de los esquemas. Para ello, el terapeuta despliega una amplia gama de técnicas y recursos que debe intentar mezclar de una forma flexible y creativa, de acuerdo a cada caso y paciente en particular. Estas técnicas y recursos, hacen referencia a estrategias cognitivas, experienciales, conductuales, e interpersonales que se describen a continuación:

LAS ESTRATEGIAS COGNITIVAS

Según lo expuesto por Obst Camerini (2008), el objetivo de la utilización de estrategias cognitivas es desarrollar una voz saludable para crear una distancia. Es decir, se trata de poner a prueba lo inadecuado del esquema desde la distancia cognitiva. Para ello es necesario conocer qué experiencias están asociadas al esquema aportando evidencias que mantienen al mismo. Las técnicas que se utilizan mayoritariamente provienen de la terapia cognitiva, siendo las más utilizadas:

- Revisar las evidencias o argumentos a favor y en contra del esquema. Hacer las listas de ellas y discutirlas.
- Discutir y evaluar nuevas interpretaciones posibles de las evidencias presentadas a favor del esquema, de acuerdo a puntos de vista más maduros y amplios.
- Evaluar beneficios vs. desventajas de los estilos de afrontamiento del paciente.
- Roleplay de diálogos entre el 'lado del esquema' y el 'lado sano', cambiando roles con el terapeuta.
- Escribir y disponer de tarjetas de afrontamiento (i.e., flash-cards) donde se pueden leer los argumentos y pensamientos apropiados para enfrentar el esquema cuando se activa.
- Utilizar el Registro Diario de Esquemas (Young, 1993) donde el paciente registra los siguientes datos: disparador, emoción, pensamiento, conducta real, esquemas, punto de vista saludable, consideraciones realistas, sobrereacciones, conducta saludable.

LAS ESTRATEGIAS EXPERIENCIALES

Pueden también denominarse 'técnicas emotivas' por la importancia del compromiso emotivo que incluyen (Cid, 2009). Tienen como objetivo activar las emociones conectadas con los esquemas y habilitar al paciente mediante la descarga del dolor temprano, para así satisfacer de manera parcial las necesidades emocionales no cubiertas. Esto permite al paciente no sólo creer que los esquemas son falsos, sino también sentir que emocionalmente lo son. Young et al. (2003) propone las siguientes técnicas:

A) TÉCNICAS DE IMAGINACIÓN -O DRAMATIZACIONES-:

Las actuaciones, usando los recursos del psicodrama (Moreno, 1975) (Blatner, 1996) (Blatner & Blatner, 1988) permiten la implicación emotiva necesaria para actuar sobre los esquemas.

- Diálogos.

Pueden ser con las personas que originaron sus esquemas disfuncionales. Además, puede ser útil para expresar sentimientos, por ejemplo, la ira puede servir para confirmar sus derechos, pero en un segundo paso se recomienda seguir con este recurso para lograr la integración, la comprensión de la situación, la liberación de la culpa y mejorar el nivel de auto estima del paciente.

- Reactuación parental.

En esta estrategia, el terapeuta solicita entrar en la escena imaginada y así brinda la contención o reparación desde el lugar del padre o simplemente desde el 'adulto saludable'. Luego lo hará el mismo cliente, intercambiando roles, inicialmente con la ayuda del terapeuta. Estos diálogos del paciente 'niño' con el paciente 'adulto', o del paciente con 'el anciano sabio' han sido largamente utilizados por el psicodrama y por otras escuelas como la gestalt, durante más de 50 años con excelentes resultados.

• Recuerdos traumáticos.

Este ejercicio brinda en primer lugar la liberación de los sentimientos hasta ahora bloqueados para lograr su lenta aceptación e integración, a veces en sucesivos pasos con reiteradas experiencias. En segundo lugar brinda la posibilidad de integrar la acción reparadora del 'adulto saludable' como se explicó en el ejercicio anterior.

• Modificación de patrones.

Imaginarse actuando en formas alternativas, diferentes a sus pautas disfuncionales es una preparación, un ensayo de menor riesgo, para poder hacerlo luego con mayor nivel de riesgo en la vida real. Primero la imaginación, luego la dramatización y finalmente la vida real, son grados crecientes de 'riesgo' para lograr vencer progresivamente el miedo a las nuevas conductas.

B) OTRAS TAREAS Y TÉCNICAS:

• Escribir una carta.

Una técnica experiencial frecuentemente útil es escribir una carta -o varias- a uno de los padres o a la persona que haya generado la situación traumática o el esquema temprano inadaptado. La carta podría incluir cómo se sintió el cliente ante esas situaciones y lo que no pudo decir. Es un ejercicio menos difícil que la fantasía de estar enfrente a la persona y suele brindar similares beneficios. Esto no incluye, y en general no se recomienda, enviar la carta realmente a la persona, a menos que se hayan evaluado bien las posibles consecuencias y asegurado de que serán positivas -lo cual es poco probable en la mayoría de los casos-, y porque el objetivo se logra sin necesidad de esto.

• Más opciones: Medicación, trabajo corporal, etc.

Cuando se encuentran dificultades, se puede recurrir a recursos adicionales, como la medicación para disminuir -pero nunca suprimir- la ansiedad ante las nuevas tareas. También hay muchos recursos como las técnicas de relajación y otros propios de las técnicas corporales, desarrollados por la terapia gestalt (Kepner, 1987), por el análisis de la relación (Lapierre & Aucouturier, 1990), y por otras escuelas, que pueden ser útiles con ciertos pacientes para ayudar al proceso de cambio requerido en esta etapa.

LAS ESTRATEGIAS CONDUCTUALES

Luego de realizados los pasos anteriores, el terapeuta se aboca a modificar los patrones de conducta o estilos de afrontamiento inadaptados que perturban al cliente. En esta etapa se trabajará para modificar las conductas disfuncionales pertenecientes a los estilos de rendición, evitación o sobrecompensación del paciente, para que puedan ser reemplazados por estilos de afrontamiento más saludables.

Cuando el terapeuta considera que su cliente ha aprendido a reconocer sus esquemas inadaptados cuando son disparados, a entender sus orígenes y a entablar con ellos las discusiones para vencerlos, racional y emotivamente, puede entonces encarar esta etapa final de modificación de sus respuestas inadaptadas, la cual se lleva a cabo de la siguiente manera:

A) HACER LA LISTA DE CONDUCTAS

Se elabora de común acuerdo una lista de todas las conductas que merecen ser objeto de cambio. Para ello se trata de analizar distintas áreas de la vida, como el trabajo, las actividades sociales, las relaciones íntimas, etc., ya que cada una puede desarrollar distintos esquemas y/o distintos estilos de afrontamiento. Esto requiere una descripción detallada de cada situación y conducta, para lo cual a veces puede no ser suficiente la que haga espontáneamente el paciente, que puede estar distorsionando u omitiendo cosas. La observación de sus conductas con el terapeuta, lo que surja de ejercicios de imaginación -o dramatizaciones- de situaciones disparadoras y lo que otros allegados al paciente informen son recursos posibles para asegurar una correcta y completa descripción de las conductas disfuncionales a encarar.

B) ELEGIR LA CONDUCTA A MODIFICAR

Ordenadamente se decidirá cual será la primera conducta a abordar en primer lugar. Como guía general se recomienda elegir primero una conducta claramente determinada, en vez de plantear 'cambios generales de vida'. También es aconsejable comenzar con la que mayores problemas cause al cliente, la que más interfiere con sus metas o deseos, la que mayores deseos o motivos tenga para cambiar. Esto siempre que no resulte demasiado difícil o extenuante para este cliente el trabajo de modificarla.

C) GENERAR LA MOTIVACIÓN NECESARIA

Sin la motivación necesaria el paciente no realizará el esfuerzo. Para lograrla paciente y terapeuta pueden trabajar en realizar una lista de ventajas y desventajas de seguir con la misma conducta y de cambiar la conducta.

D) IMPLEMENTAR LOS RECURSOS DE CAMBIO MÁS EFICACES

Para este proceso existen todos los recursos conocidos y habituales de las terapias cognitivas conductuales. Algunos de los más eficaces suelen ser: las tarjetas de afrontamiento (i.e., flashcards), el ensayo de la nueva conducta en ejercicios de imaginación -o en dramatizaciones-, la asignación permanente al final de cada sesión de tareas a realizar y la revisión de la realización de esas tareas al comienzo de la siguiente sesión.

E) TRABAJAR CON LOS OBSTÁCULOS

Cuando el paciente no hace las tareas, lo fundamental es investigar los motivos para vencerlos. Puede haber causas externas, como acontecimientos imprevistos, una planificación poco clara o precisa, tareas excesivamente difíciles, etc. Pero también puede haber causas internas, como pensamientos, supuestos, esquemas, etc. del paciente referentes a la tarea, a la terapia o a sí mismo que fueron subestimadas o no tenidas en cuenta.

Si la causa es interna se debe discutir con el paciente, como todo pensamiento o esquema disfuncional, hasta lograr superarla.

Si la causa es externa, corresponde modificar la tarea, hacerla menos difícil para ir paso a paso o bien reemplazarla por otra. En algunos casos, si la modificación de la conducta elegida resulta demasiado difícil en esta etapa, o si no se puede lograr suficiente motivación para el esfuerzo de cambiarla, puede elegirse comenzar por otra conducta, dejando la anterior para más adelante.

Finalmente, cabe mencionar que para modificar las conductas disfuncionales, se utilizarán estrategias que provienen de las técnicas de la terapia de conducta tales como: entrenamiento en relajación, entrenamiento en asertividad, estrategias de autocontrol, exposición graduada a las situaciones temidas, etc.

LAS ESTRATEGIAS INTERPERSONALES

La relación terapéutica es un elemento de gran importancia en este tipo de trastornos. Young et al (2003) consideran que en la relación terapeuta-paciente de la Terapia de los Esquemas hay dos elementos característicos:

- La confrontación empática

Debatir los conceptos y puntos de vista del paciente desde un punto de vista empático, entendiendo sus motivos, sintiendo lo que él siente, 'poniéndonos en su lugar'. Es decir, la confrontación empática implica expresar la comprensión de las razones por las que mantienen el esquema los pacientes, mientras que simultáneamente se les confronta la necesidad de cambio.

- La reactuación parental limitada

Actuar en la forma que hubiera necesitado ese paciente que actúen sus padres y cuya falta consideramos que es la causa de sus esquemas disfuncionales. En otras palabras, brindarle al paciente dentro de la relación terapéutica las necesidades emotivas insatisfechas de la infancia causantes de sus esquemas tempranos inadaptados. En este sentido, puede decirse que el terapeuta se convierte en una figura parental transitoria, pero distinta a la original con respecto a las características causantes del trauma. El terapeuta tratará de actuar de manera claramente diferente a la causante del esquema, tratando así de desarrollar antídotos ante la activación de los esquemas. Finalmente cabe aclarar que hay que estar preparado para la hostilidad del paciente, el criticismo, los enfados, la desgana, la inhibición, etc.

En síntesis, la fase de cambio es un proceso centrado en la relación terapéutica, en el cual se intenta crear una cierta distancia, primero cognitiva y después emocional, que permita realizar una revaloración del sí mismo o autoconcepto, y a su vez, dé lugar al aprendizaje y uso de estrategias que posibiliten un manejo emocional y conductual de las necesidades de la persona que le permitirá una mejor adaptación interpersonal, familiar y social.

GUÍAS ESQUEMATIZADAS PARA LOS TRASTORNOS DE PERSONALIDAD DESDE LA TERAPIA DE ESQUEMAS

Los tratamientos psicológicos para los Trastornos de la personalidad todavía no alcanzan un grado de protocololarización tan específico como para describir las intervenciones para cada sesión. Esto podría deberse, entre otras cosas, a la heterogeneidad de los casos que dificultaría la posibilidad de diseñar un protocolo. Los tratamientos entonces se basan en conceptualizaciones de caso sustentadas teóricamente que después determinan los objetivos y las intervenciones a realizar. La dificultad para conceptualizar desde determinado modelo puede que sea una razón por la que a los psicoterapeutas les costaría realizar el tratamiento más adecuado. Para afrontar este problema hemos diseñado unas 'Guías esquematizadas para profesionales' para mejorar la práctica de la psicoterapia para los trastornos y alteraciones de la personalidad. Estas guías son de una carilla para tenerlas a la vista durante las sesiones a fin conceptualizar los casos y guiar más fácilmente las intervenciones desde este modelo.

La Terapia de Esquemas define las intervenciones terapéuticas en los Trastornos de la Personalidad (TP) en base a una conceptualización del caso idiosincrásica para cada paciente, que se basa en la identificación de los esquemas precoces desadaptativos y los estilos de afrontamiento desadaptativos. El objetivo de las intervenciones en la TE es la curación de los esquemas, esto implica por un lado, disminuir la intensidad de los recuerdos conectados con el esquema, la carga emocional, la intensidad de las sensaciones corporales y las cogniciones que llevan a sesgos cognitivos; y por otro lado, un cambio de la conducta, donde el paciente reemplaza aquellos estilos de afrontamiento disfuncionales por patrones conductuales más adaptativos.

Cabe aclarar que este trabajo constituye un intento de facilitar la práctica de la TE desarrollada por Young et al (2003). La forma en que se han sistematizado sus principales conceptos, aportes, métodos y técnicas de intervención es un aporte de los autores de este capítulo. En sí se propone una estructura organizativa para facilitar la aplicación clínica del modelo de TE desarrollado por Young y sus colaboradores.

La estructura del de este apartado se basa, en primer lugar, en la identificación de las estrategias de intervención paso a paso de la TE en los TP en el modelo original o donde los esquemas se trabajarían según un modelo de rasgos de personalidad (Young, 1990; 1994a; 2003) y que es aplicable a los TP, que en el DSM-IV TR (APA, 2002) están organizados en el Cluster A y C, y al TP Histriónico y Antisocial (i.e., trabajar sobre ciertos patrones predominantes en cada personalidad). En segundo lugar, se intentará definir los aspectos clave de la evaluación y la intervención de la TE para cada trastorno. Antes de continuar, es importante señalar que este aspecto se opone a la propuesta de la TE ya que lo interesante del modelo de esquemas es que realiza una aproximación basada en los elementos internos y subjetivos de la personalidad y rehúye del diagnóstico de TP. Es sabido que el diagnóstico de TP está fundamentalmente basado en el repertorio conductual que muestra la persona a lo largo de la vida, que presenta problemas de fiabilidad y que difícilmente guía a la intervención psicológica. Por lo tanto, este punto debe considerarse de manera pragmática, como una herramienta tentativa en formato de guía esquematizada para profesionales. La excepción será con respecto al TP Límite (Arntz & van Genderen, 2009) y Narcisista (Behary, 2008) donde se realizará la guía en base a los modos o estados de ánimo de Esquemas y donde la propuesta de intervención será más consistente al haber estudios empíricos (Giesen-Bloo, van Dyck, Spinhoven, van Tilburg, Dirksen, van Asselt, Kremers, Nadort & Arntz, 2006; Nadort, Arntz,

Smit, Giesen-Bloo, Eikelenboom, Spin-hoven,van Asselt, Wensing & van Dyck, 2009; Nadort, van Dyck, Smit, Giesen-Bloo, Eikelenboom, Wensing, Spinhoven, Dirksen, Bleecke, van Milligenese, van Vreeswijk & Arntz, 2009) y de casos clínicos que avalan la intervención en los modos esquemas.

ESTRUCTURA Y LAS ESTRATEGIAS DE INTERVENCIÓN GENERALES DE LA TE EN LOS TP

El modus operandi de la TE en la evaluación e identificación de los esquemas (ver Tablas 1, 2 y 3) es un proceso de concientización que implica una construcción conjunta donde terapeuta y paciente identifican cuáles son los temas que definen la experiencia (i.e., que es dolorosa y que causa sufrimiento emocional), se acceden a los recuerdos que van configurando las maneras de dar significado del sí mismo (i.e., la continuidad y persistencia del sufrimiento) y se explicitan los estilos de afrontamiento que se utilizan para funcionar en la vida (i.e., consecuencias y refuerzo del sufrimiento). La evaluación termina con la conceptualización del caso que se comparte con el paciente y se identifica la idoneidad de una intervención basada en esquemas y del tipo de intervención: modelo original de rasgos o modos de esquemas. En el caso de los TP del Cluster A y C del DSM-IV TR (2002), utilizaremos los modos de esquemas cuando hay un estilo rígido de afrontamiento evitativo o compensatorio, criticismo y autolesiones, confusión como consecuencia de los conflictos internos y fluctuación muy rápida de estados de ánimo y estilos de afrontamiento (Young, 1996). El trabajo de identificación de los modos de Esquemas es más emocional y la intervención tiene que ver con el proceso de manejo de las emociones y de atribución de significados idiosincrásicos desadaptativos en el aquí y ahora (Cid, 2008).

La fase de cambio (ver Tabla 4) es un proceso donde, centrándose en la relación terapéutica, se intenta crear cierta distancia, primero cognitiva y después emocional que permita realizar una revaloración del sí mismo o autoconcepto que permita el aprendizaje y el uso de estrategias para lograr un manejo emocional y conductual de las necesidades de la persona que permitirán una mejor adaptación interpersonal, familiar y social. En el caso del modelo de rasgos, el orden de estrategias de intervención va a ser primero estrategias de cambio cognitivas, después experienciales y conductuales. Las estrategias de relación terapéutica estarán presentes desde el inicio y se utilizarán en la activación de los esquemas, para poder trabajar en la sesión el impacto de éstos en el paciente y el terapeuta. Conviene resaltar el buen uso de la confrontación empática y la reactuación parental limitada, como se ha explicado en los apartados introductorios

TAXONOMÍA DE ESQUEMAS TEMPRANOS INADAPTADOS Y SUS DOMINIOS

1. SEPARACIÓN Y RECHAZO	La expectativa de que las propias necesidades de seguridad, defensa, estabilidad, cuidado, empatía, compartir sentimientos, aceptación y respeto no se van a satisfacer de forma previsible.
Abandono/Inestabilidad	La percepción de inestabilidad o de poca seguridad de que se dispone de soporte y relación con los demás. Incluye la expectativa acerca de que los demás irremediablemente los abandonarán.
Desconfianza/Abuso	La expectativa de que lo herirán, abusarán, humillarán, burlarán, mentirán, manipularán, aprovecharán.
Privación emocional	La expectativa de que el propio deseo de tener un grado normal de soporte emocional no se encontrará o no será satisfecho de modo adecuado por los demás.
Imperfección/Vergüenza	El sentimiento que se es defectuoso, malo, no querido, inferior o inválido en aspectos importantes; o que no será querido si se muestra tal como es.
Aislamiento social	El sentimiento de que uno está aislado del resto del mundo, diferente de los demás y no participa o forma parte de un grupo o comunidad.
2. AUTONOMÍA Y DESEMPEÑO DETERIORADOS	Expectativas acerca de uno mismo y el ambiente que interfiere con la percepción de su habilidad para separar, sobrevivir, funcionar independientemente o desempeñarse con éxito.
Dependencia/Incompetencia	Creencia de que uno es incapaz de realizar sus responsabilidades diarias de forma competente, sin considerable ayuda de los demás.
Vulnerabilidad al peligro y a la enfermedad	Miedo exagerado a que una 'fortuita/azarosa' catástrofe podría ocurrir en cualquier momento y que no será capaz de prevenirla.
Apego/Yo inmaduro	Emocionalmente se encuentra excesivamente implicado y unido con una o más personas significativas (a menudo los padres), a expensas de una completa individualización o un desarrollo social normal.
Fracaso	La creencia que uno ha fracasado, inevitablemente fallará o que resulta inadecuado en relación a los grupos de iguales o en áreas de rendimiento (escuela, carrera, deportes, etc.) A menudo implica creencias de que uno es estúpido, inepto, sin talento, ignorante, de bajo estatus, con menos éxito que los demás, etc.
3. LÍMITES INSUFICIENTES	Deficiencia en los límites internos, en las responsabilidades con los demás o en los objetivos a largo plazo. Conduce a tener dificultades en respetar los derechos de los demás, cooperar con ellos, cumplir obligaciones o delimitar y encontrar objetivos personales realistas.
Grandiosidad	La creencia de que uno es superior a los demás, que le da derecho a privilegios y derechos especiales; o no tener que limitarse por las reglas de reciprocidad que guían la interacción social habitual.
Insuficiente autocontrol	Dificultad persistente o negativa de emplear/o usar el suficiente autocontrol y tolerancia a la frustración para conseguir sus propios objetivos o contener/reprimir de forma excesiva la expresión de emociones e impulsos
4. ORIENTACIÓN HACIA LOS OTROS	Una focalización en los deseos, sentimientos y respuestas de los demás a expensas de sus propias necesidades para ganar amor y aprobación, mantener su sentido de unión o relación o evitar represalias. Por lo general implica la supresión y la poca conciencia de considerar su propia cólera e inclinaciones naturales.
Subyugación	Excesivamente entregados o abandonados al control de los demás porque se sienten cohesionados, usualmente para evitar la cólera, represalias o abandono
Autosacrificio	Excesivamente centrado de forma voluntaria en las necesidades de los demás en las situaciones diarias, a expensas de su propia gratificación.
Búsqueda de aprobación/Búsqueda de reconocimiento	Excesivo énfasis en encontrar aprobación, reconocimiento, o atención, o en llevarse bien, a expensas de desarrollar un sentido seguro y verdadero de uno mismo. Su autoestima depende principalmente de las reacciones de los demás.
5. SOBREVIGILANCIA E INHIBICIÓN	Excesivo énfasis en controlar sentimientos espontáneos, impulsos y en la elección para evitar cometer errores. Presenta rigidez en las reglas internalizadas y expectativas acerca del rendimiento y conductas éticas, a menudo a expensas de felicidad, autoexpresión, relajación, relaciones cerradas o salud.
Negatividad	Una focalización de toda la vida en los aspectos negativos de la vida (dolor, muerte, pérdida, decepción, conflicto, culpa, resentimiento, problemas no resueltos, errores potenciales, traición, cosas que pueden ir mal, etc.), mientras minimizan o niegan los aspectos positivos o optimistas.
Inhibición emocional	Excesiva inhibición de la acción espontánea, sentimientos o comunicación, por lo general para crear un sentimiento de seguridad y pronóstico o para evitar cometer errores, la desaprobación de los demás, catástrofe y caos o la pérdida de control de los propios impulsos.
Metas Inalcanzables	La creencia profunda que uno debe esforzarse por encontrar unos estándares internos de conducta y rendimientos muy elevados, normalmente para evitar las críticas.
Castigo	La creencia que las personas serán duramente castigadas al cometer errores.

TAXONOMÍA DE ESTILOS DE AFRONTAMIENTO DESADAPTATIVOS

ESTILOS DE AFRONTAMIENTO DESADAPTATIVOS		
SOBRECOMPENSACIÓN	Agresión/Hostilidad	Contraataca desafiando, abusando, culpando, atacando o criticando a los demás.
	Dominancia/ Excesiva auto-afirmación	Controla a los demás haciendo referencia de manera directa al cumplimiento de los objetivos
	Búsqueda de reconocimiento/ Búsqueda de status	Sobrecompensa mediante el intento de impresionar a los demás, un alto rendimiento, status, búsqueda de atención.
	Manipulación Explotación	Encuentra o satisface las necesidades a través de la manipulación encubierta de los demás, de manera seductora o deshonestamente.
	Pasivo-agresivo Rebelión	Se comporta de forma abierta complaciente mientras castiga a los demás o se rebela de forma encubierta demorándose, burlándose, dejando de hacer
	Excesivo orden Obsesionado	Mantiene un estricto orden, mucho autocontrol o altos niveles de predictibilidad a través del orden y la planificación; excesiva adherencia a la rutina o ritual o excesiva precaución. Dedica un tiempo desmesurado a encontrar la mejor forma de lograr las tareas o evitar resultados negativos.
MANTENIMIENTO	Sumisión Dependencia	Centrado en los demás, cede, busca la filiación, pasivo, dependiente, sumiso, aferrado, evita el conflicto, complace a los demás.
EVITACIÓN	Retirado socialmente Excesiva autonomía	Afronta a través del aislamiento social, desconexión, y la retirada. Puede mostrarse, de manera exagerada, más centrado en la independencia y autosuficiencia que en estar implicado con los demás. Algunas veces se retira en actividades privadas como ver excesivamente la televisión, leer, jugar, trabajo solitario, etc.
EVITACIÓN	Búsqueda Compulsiva de Estimulación	Busca excitación o distracción a través de la compra compulsiva, sexo, tomar riesgos, actividades físicas, novedades, etc.
	Tranquilización adictiva (Automedicación)	Evita a través de adicciones que implican el cuerpo, como el alcohol, drogas, comer en exceso, masturbación excesiva, etc.
	Retirado Psicológicamente	Afronta mediante la disociación, negación, fantasía u otras formas internas de escape psicológico.

TABLA 6 - PASO A PASO LA EVALUACIÓN Y CONCEPTUALIZACIÓN EN LA EVALUACIÓN E IDENTIFICACIÓN DE LOS ESQUEMAS EN LA TERAPIA DE ESQUEMAS

OBJETIVOS	PROCESO/TÉCNICAS
Identificar los esquemas centrales	El Presente: centrada en los problemas actuales y situaciones de la vida actual. Se intenta conectar los síntomas presentes con los problemas de la vida. El terapeuta empieza a hacer conexiones entre emociones, síntomas, problemas de la vida y los esquemas (denominados al inicio patrones). La entrevista se centra en la identificación de aquellos patrones de larga duración que caracterizan la vida actual de los pacientes. Los Patrones se hacen relevantes y se delimita su importancia en el funcionamiento psicológico. Se consideran Hipótesis de Esquemas a confirmar en la evaluación.
Unir los esquemas con los problemas actuales y de la historia de vida (experiencias de vida)	El Pasado: centrada en la historia de la vida donde se busca identificar los patrones aprendidos que actúan en la actualidad. Se realiza una evaluación evolutiva donde paciente y terapeuta exploran la historia de la vida a través de las experiencias y recuerdos que tienen una mayor significación, asociados a malestar y sufrimiento Doble análisis: el primero centrado en los últimos 5 años donde se establece el estilo de funcionamiento y los patrones más característicos de la vida adulta del paciente en las distintas áreas de la vida (pareja, trabajo, amigos, ocio, expectativas, aspiraciones y deseos). El segundo, más evolutivo, empieza desde los primeros años de vida y continúa por la infancia y la adolescencia. A nivel de proceso: a) No sólo se busca conocer el clima emocional de crecimiento sino también se describen las relaciones significativas con los padres, familia extensa, amigos y los recuerdos traumáticos. Se intenta establecer los estilos de relación y cómo se van configurando los patrones de larga evolución y el estilo de funcionamiento. b) se intentan delimitar las necesidades básicas no cubiertas, cómo el paciente las interpretaba e interpreta para obtener información del contenido del esquema c) También es importante ir configurando cuál es el estilo de afrontamiento ante esas situaciones: evitación (rendirse), mantenimiento (aceptar) y sobrecompensación (luchar). Una herramienta útil para facilitar la apertura en esta fase es el Inventario de la Historia de la Vida de Lazarus. También se pueden utilizar diarios personales, fotografías.
Identificación de los Esquemas	Evaluación de los esquemas: para ello debe administrarse el Cuestionario de Esquemas de Young (CEY). Una vez codificado se identifica la lista de esquemas para posteriormente realizar la devolución del CEY. Esta se realiza en una sesión o en distintas sesiones en función del paciente. El objetivo de devolución va más allá de describir los resultados del cuestionario si no que: (a) debe añadirse la información obtenida en las dos fases anteriores, buscando las coherencias e inconsistencias de la información aportada mediante la clarificación de contenidos; (b) debe empezarse la educación del concepto de esquemas y cómo funcionan; (c) debe proporcionarse ejemplos que faciliten un aumento de conciencia respecto las formas de dar significado al mundo y a sus experiencias ; (d) deben describirse los esquemas, etiquetándolos de forma significativa para el sujeto, ya sea poniéndole nombres o metaforizando el esquema. Educación de los esquemas: se fomenta con material de autoayuda como la Guía del Cliente de la Terapia Cognitiva Centrada en los Esquemas o se recomienda el libro de autoayuda de la Terapia de esquemas "Reinventa tu Vida" (Young & Klosko, 2001)
Hacer entrar al paciente en contacto con las emociones circundantes a estos esquemas	Activación de Esquemas: acceder a las emociones asociadas a los esquemas. Trabajo centrado en descubrir las emociones circundantes a los esquemas que a menudo son intensas y dolorosas. Técnicas en la sesión (Imaginación). De manera exploratoria para unir las emociones que se sienten en la actualidad con las emociones del pasado y para explorar la continuidad de los esquemas (recuerdos familiares, interacciones significativas con los padres). Fuera de la sesión: visualización de películas, lectura de libros, experimentos conductuales.
Identificar Estilos de Afrontamiento	Esta fase se caracteriza por aquellas estrategias que permiten identificar los estilos de afrontamiento desadaptativos que mantienen a los esquemas, ya sea reforzando, evitando o compensando. Explorar los estilos de afrontamiento ante situaciones conflictivas, el estrés, los problemas no esperados e improvistos del día a día, las situaciones que se evitan. Diferenciar las respuestas que se utilizan para afrontar algunas situaciones del día a día de aquellos patrones de respuestas de afrontamiento que son más independientes de la situación y que se utilizan de manera más generalizada en distintas situaciones y configuran por si mismas un estilo de afrontamiento. Identificar el grado de éxito o fracaso de las estrategias de afrontamiento que utiliza el individuo. No se puede presuponer que todas las respuestas de afrontamiento perpetuarán los esquemas.
Conceptualización del caso según TE	La fase de evaluación finaliza cuando el clínico puede realizar una conceptualización del caso en función de los estilos de funcionamiento cognitivo, conductual, emocional e interpersonal. Descripción del temperamento y recuerdos más significativos o traumáticos. Explicarla al paciente, obtener feedback para ajustarla y que sea aceptada como guía de la fase de tratamiento. El paciente tiene que entender que esta va a ser la hoja de ruta del tratamiento entendiendo que todo esto es un proceso dinámico que se reevalúa durante el mismo. Definir accesibilidad tratamiento TE, tipo de tratamiento TE (rasgos o Modos) o necesidad de tratamiento Eje I previo (en el caso adicciones, trastornos ansiedad). Ajustar y clarificar objetivos del cambio, las características del cambio (no lineal, sino gradual con retrocesos, y necesidad de tolerar cierto grado de malestar emocional), y expectativas de cambio (proceso largo).

4. TERAPIA DE ESQUEMAS PARA LOS TRASTORNOS DE PERSONALIDAD Y EL INTENTO DE PROTOCOLARIZARLA MEDIANTE LAS GUÍAS ESQUEMATIZADAS PARA PROFESIONALES

Resulta ser un ejercicio arriesgado realizar una aproximación de la TE trastorno por trastorno. Ya que ésta rehúye del diagnóstico de TP (i.e., categorial o dimensional) e intenta operacionalizarlos en función de esquemas, estilos de afrontamiento desadaptativos y modos de esquemas en base a la experiencia subjetiva de la persona y del proceso de atribución de significados cognitivo-emocionales que presenta. El modelo de trabajo que se ha propuesto para los TP permite flexibilizar y adaptar las intervenciones a cada trastorno y sobretodo al hecho de que es frecuente encontrar en la clínica cotidiana diagnósticos comórbidos de Trastornos de la Personalidad o diagnósticos mixtos. No obstante, la TE a diferencia de otros modelos de psicoterapia ha desarrollado una serie de cuestionarios como el Cuestionario de Esquemas que permite no sólo evaluar clínicamente los constructos que propone el modelo y realizar una evaluación de resultados de la intervención, sino que permite la realización de investigaciones para poner a prueba las propuestas teóricas que van surgiendo de la asociación de esquemas, estilos de afrontamiento y modos de esquemas para cada TP.

Para diseñar las guías esquematizadas para profesionales se ha seguido el procedimiento que se explica a continuación. Para cada TP se han analizado los resultados de las investigaciones realizadas con los Cuestionarios de Esquemas (i.e., en su versión original y la reducida). Así, en función de los resultados, se describirán los esquemas encontrados en base a resultados de investigación. En los casos en que no se han encontrado resultados empíricos, se describen las propuestas teóricas realizadas por diferentes autores que también se dedicaron al tema de los esquemas en cada Trastorno de la Personalidad. Puede consultarse para más detalles los trabajos de Bernsteisn (2002), Sperry (2005) y Arntz y Van Genderen (2009). Respecto a los Modos de Esquema cabe realizar una aclaración, la investigación en este campo está en sus fases iniciales, la mayoría de los resultados son producto de análisis de correlación entre los Modos de Esquemas y los Trastornos de la Personalidad, evaluados mediante entrevistas estructuradas para los TP (Lobbestael, Van Vreeswijk & Arntz, 2007; Lobbestael, Van Vreeswijk & Arntz, 2008). Se incluyen los resultados encontrados en las primeras investigaciones debido a que pueden ser de mucha utilidad en el manejo de los casos.

Por último, basándose en los resultados de las investigaciones, en la literatura de la TE y la experiencia clínica de la aplicación de la TE, se realizará una aproximación a las dos fases de la intervención de la TE (i.e., evaluación e intervención). En la evaluación se describirán las estrategias más adecuadas para realizar una correcta conceptualización del caso. En la intervención se describirán el cambio cognitivo, emocional, relación terapéutica y conductual que se debe realizar de los principales esquemas encontrados en la investigación. Esta aproximación debe considerarse como tentativa y teórica. Cuando se utilice en la práctica clínica debe de entenderse como una aproximación posible, como una prueba de hipótesis a contrastar, y no como una manualización paso a paso. Por ello, es posible que los esquemas que se plantean para los TP no se encuentren en las personas que reciban tal diagnóstico. El objetivo que se pretende es acercar al lector cuáles son las estrategias de cambio cognitivo, emocional, interpersonal y conductual para la mayor parte de esquemas que propone el modelo, y que las pueda adaptar en función de las características de los pacientes. Por este motivo, y una vez descriptos los esquemas más importantes y la estrategia de conceptualización, en la fase de cambio no se describirán todos los esquemas de manera exhaustiva en cada Trastorno de Personalidad. A continuación se definirán qué esquemas predominarían en cada trastorno de personalidad.

A partir de lo recopilado por los distintos autores citados en cada una de las guías esquematizadas que se presentan seguidamente, se decidió describir, dentro del Cluster A, el Esquema de Desconfianza/Abuso para el Trastorno de Personalidad Paranoide, el Esquema de Aislamiento Social para el TP Esquizoide, y los Esquemas de Desconfianza/Abuso y Vulnerabilidad al Peligro para el TP Esquizotípico. Dentro del Cluster B, para el TP Histriónico, los esquemas de Privación Emocional y Grandiosidad. En el TP Antisocial, los esquemas de Privación Emocional e Insuficiente Autocontrol. En el TP Límite y TP Narcisista describiremos la fase de cambio basada en los Modos de Esquemas. En el Cluster C, describiremos en el TP Evitativo, los Esquemas de Imperfección, Fracaso y Subyugación. En el TP Dependiente el esquema de Abandono y Dependencia.

En el TP Obsesivo Compulsivo describimos el cambio en los esquemas de Inhibición Emocional y Metas Inalcanzables. En el TP Pasivo Agresivo describimos el cambio de Desconfianza y Fracaso.

TABLA 7 - GUÍA ESQUEMATIZADA TRASTORNO DE LA PERSONALIDAD PARANOIDE

Para construir esta guía se tuvieron en cuenta las investigaciones de Loper (2003) y los aportes teóricos de Arntz y Van Genderen (2009)

PERFILES ESQUEMAS, ESTILOS AFRONTAMIENTO ESQUEMAS Y MODOS DE ESQUEMAS		
ESQUEMAS PREDOMINANTES	Desconfianza/Abuso	La expectativa que los otros le herirán, abusarán, humillarán, burlarán, mentirán, manipularán.
	Privación Emocional	La expectativa de que las propias necesidades emocionales de afecto, empatía y cuidado no se encontrarán en los demás.
	Aislamiento Social	El sentimiento de que uno está aislado del resto del mundo, diferente de los demás y no participa o forma parte de un grupo o comunidad.
MODOS ESQUEMAS	Niño Enfadado	Se siente intensamente enrabiado, frustrado o impaciente porque las necesidades emocionales del niño vulnerable no se satisfacen. La muestra de manera inapropiada.
	Niño Enrabiado	Experimenta intensos sentimientos de rabia que da como resultado herir o dañar a personas u objetos. Actúa impulsivamente y está fuera de control por la rabia
	Intimidación y Ataque	Hiere o daña directamente a los demás de una manera estratégica y controlada, ya sea emocionalmente, físicamente, sexualmente, verbalmente o a través de actos antisociales.

CURSO DE TRATAMIENTO	
OBJETIVOS EVALUACIÓN	PROCESO / TÉCNICAS DE LA EVALUACIÓN Y CONCEPTUALIZACIÓN DEL CASO
INICIO DE LA INTERVENCIÓN	Centrarse en los problemas de la demanda y en las emociones. Progresivamente ir explorando el impacto que tienen en su vida. Es necesario ir a su ritmo para que adquiera confianza. Pacientes ponen a prueba el grado de confianza del terapeuta, ponen trampas. Estar preparados y ser genuino ante las respuestas.
PATRONES DEL PASADO	Seguir la misma cautela pero espontaneidad en la realización de la historia de la vida. Centrarse en los últimos 5 años si muestra una inhibición emocional. Progresivamente ir hablando de las relaciones con los padres y grupos de iguales. Identificar posibles carencias emocionales y "traumas".
IDENTIFICACIÓN DE ESQUEMAS	Administrar cuestionarios cuando el paciente se sienta cómodo y tenga una mínima confianza con el terapeuta. Realizar la devolución progresivamente, explicando aquellas cosas que pueda ir comprendiendo emocionalmente. Revisar el ítem de "abuso físico, psicológico o sexual" y el de las carencias emocionales básicas (cuidado y alimentación). Ser respetuoso ante la posibilidad de recuerdos "traumáticos". A pesar de conocer su existencia, es importante que el paciente lo exprese por sí mismo.
ACTIVACIÓN DE ESQUEMAS	La activación de los esquemas en algunos casos puede ser difícil debido a la existencia de recuerdos traumáticos. Es importante centrarse en la conexión emocional presente-pasado y la manera de dar significado al mundo. Es útil en algunos casos centrarse en la emoción de rabia. Seguir la metáfora "No destapes el tarro de las esencias (recuerdos) si no estás seguro de que puedas (ayudar) taparlo"
ESTRATEGIAS DE AFRONTAMIENTO	Conocer las estrategias de afrontamiento para hacer frente a la emoción de rabia, y cómo se configuran los estilos conductuales que van mantenido a los esquemas: Agresión-hostilidad, manipulación, alejamiento. Temperamento: identificar impulsividad y agresividad.
CONCEPTUALIZACIÓN	Identificar los aspectos del temperamento que influyen en la modulación de las emociones y el aprendizaje de las estrategias de afrontamiento nuevas.

OBJETIVOS CAMBIO		PROCESO / TÉCNICAS CAMBIO DE LOS ESQUEMAS
DESCONFIANZA/ABUSO	Cognitivo	Reducir la "hipervigilancia" de abuso o maltrato. Cambiar el exagerado punto de vista "acerca de los demás" como intencionadamente malos, abusivos, manipuladores o deshonestos. Cambiar el punto de vista de si mismo como culpable e indefenso del abuso. No excusar al abusador. Enseñar el espectro de maltrato. Trabajar sobre el pensamiento dicotómico.
	Emocional	Recuperar recuerdos de abuso/humillación. Expresar rabia verbalmente y físicamente y al abusador en imaginación. Escribir cartas sobre necesidades emocionales no cubiertas. No enviar las cartas. Encontrar un lugar seguro lejos del abusador.
	Relación Terapéutica	Ser completamente honesto y genuino con el paciente. Preguntar por la confianza e intimidad de forma regular y discutir cualquier sentimiento negativo hacia el terapeuta. Preguntar acerca de la vigilancia ("necesidad de control") en las sesiones. Si es necesario no hacer trabajo experiencial, mientras se esté construyendo la confianza.
	Conductual	Gradualmente confiar en las personas, incrementar el nivel de intimidad, compartir los secretos y memorias del abuso con compañeros (que no sean abusivos). Buscar grupos de soporte con otras víctimas. Elegir parejas o compañeros no abusivos. No abusar de los demás. Castigar menos cuando las personas cometan errores. Poner límites con las personas abusivas. Aprendizaje del Manejo de emociones (rabia, disforia, ansiedad) y de Habilidades Sociales, incluyendo la conducta asertiva.

TABLA 8 - GUÍA ESQUEMATIZADA TRASTORNO DE LA PERSONALIDAD ESQUIZOIDE

Para construir esta guía se tuvieron en cuenta los aportes teóricos de Arntz y Van Genderen (2009)

PERFILES ESQUEMAS, ESTILOS AFRONTAMIENTO ESQUEMAS Y MODOS DE ESQUEMAS		
ESQUEMA PREDOMINANTE	Aislamiento Social	El sentimiento de que uno está aislado del resto del mundo, diferente de los demás y no participa o forma parte de un grupo o comunidad.

CURSO DE TRATAMIENTO	
OBJETIVOS EVALUACIÓN Y ONCEPTUALIZACIÓN CASO	PROCESO / TÉCNICAS
INICIO DE LA INTERVENCIÓN	En sesión, muestran dificultades en expresar lo que les ocurre y alejados del terapeuta. Comunicativamente muestran falta de expresividad e indiferencia. Si sus niveles de ansiedad son elevados entonces observan que son distintos a los demás. El objetivo es ir ganando contacto, que el paciente vaya estando más confortable a pesar de la incomodidad que manifestará. Es probable que primero sean necesarias intervenciones del Eje I para vencer ansiedad o adicciones o intervenciones relacionadas con el aprendizaje de habilidades antes de poder iniciar una TE.
IDENTIFICACIÓN ESQUEMAS	La administración del Cuestionario de Esquemas y el Cuestionario de Padres en estos casos se recomienda cuando haya una mínima relación terapéutica. El uso de estos puede ser de ayuda para poder empezar a hablar de temas relacionados con uno mismo, con su pasado, de la familia.
PATRONES DEL PASADO	Hay que ir a un ritmo pausado, primero centrándose en cómo ha sido su vida los últimos cinco años. Se valorará si hay deterioro funcional y cómo se ha ido produciendo. Es útil a veces comenzar por las situaciones del día a día que le incomodan hacer y después por las que evita. Es necesario a pesar de las dificultades que presentará en áreas del trabajo, relaciones, etc., que se le pregunte por el impacto emocional, y "el significado que tiene para sí mismo: ser diferente a los demás, compararse con los demás y sentirse inferior o incapaz". En el pasado, observar cómo se fue construyendo el aislamiento social y delimitar la existencia de carencias de cuidado básicas, lo cual puede indicar la presencia de otros esquemas tales como Privación Emocional.
ESTRATEGIAS AFRONTAMIENTO	Identificar las estrategias afrontamiento, sobretodo las de Evitación de los esquemas Retirado socialmente, Excesiva autonomía, Tranquilización adictiva y la Retirada psicológica. Delimitar la función que tienen en el funcionamiento psicológico del paciente e intentar que observe la conexión esquema-conductas guiadas por el esquema.
ACTIVACIÓN ESQUEMAS	La Activación de los Esquemas es difícil saber si se puede realizar o cuándo se podrá realizar. El hecho de cerrar los ojos para realizar imaginación habitualmente no les gusta. Pueden manifestar miedo o dificultades en sentir las emociones que son el nexo entre las situaciones actuales y los recuerdos del pasado. Empezar por escenas de grupo de pares donde se sienta diferente a los demás, puede ser de utilidad.
CONCEPTUALIZACIÓN	Identificar los aspectos temperamentales relacionados con la ansiedad, timidez e impulsividad que pueden influenciar en el manejo emocional y en el aprendizaje de estrategias de relación interpersonal y social. Plantear un cambio progresivo, preparando para las dificultades

OBJETIVOS CAMBIO TERAPÉUTICO		PROCESO / TÉCNICAS
AISLAMIENTO SOCIAL	Cognitivo	Cambiar el punto de vista de que uno es indeseable socialmente Cambiar el exagerado punto de vista negativo respecto a la apariencia y las habilidades sociales. Centrarse en las ventajas. Minimizar las diferencias, aumentando las similitudes, con las otras personas.
	Emocional	Imaginación de memorias de ser diferente a los demás, rechazo, o aislamiento. Ventilar emociones negativas hacia el grupo. Recuperar recuerdos donde se sentía aceptado y había contacto social para reforzar cambio.
	Relación Terapéutica	Ir con cuidado en las comparaciones, en el uso de metáforas o analogías, o el sentido del humor en la terapia. Pueden ser no entendidas y causar una percepción de mayor distanciamiento con el terapeuta y con los demás. Estar atento a las situaciones dentro de la sesión en las que el paciente se pueda sentir diferente, inferior o abrumado por la energía del terapeuta. Enfatizar y destacar los atributos sociales positivos. Confrontar la evitación de las situaciones sociales.
	Conductual	Vencer la evitación: listar las situaciones temidas y que se evitan. Aplicar estrategias de exposición graduada. Aprendizaje de habilidades que faciliten la competencia social: entrenamiento en manejo de Emociones y Resolución Problemas. Habilidades sociales y conducta asertiva. La inclusión en un grupo de Terapia para problemas interpersonales puede ser útil. Progresivamente intentar ir haciendo amigos, participar en actividades de la comunidad. Es frecuente que necesiten soporte adicional en esta última área, por parte de otros profesionales.

TABLA 9 - GUÍA ESQUEMATIZADA TRASTORNO DE LA PERSONALIDAD ESQUIZOTÍPICO

Para construir esta guía se tuvieron en cuenta los aportes teóricos de Arntz y Van Genderen (2009)

PERFILES ESQUEMAS, ESTILOS AFRONTAMIENTO ESQUEMAS Y MODOS DE ESQUEMAS		
Esquemas PREDOMINANTES	Desconfianza/Abuso	La expectativa que los otros le herirán, abusarán, humillarán, burlarán, mentirán, manipularán
	Aislamiento Social	Sentimiento de que uno está aislado del mundo, diferente de los demás y no participa de un grupo.
	Vulnerabilidad al Peligro	Miedo exagerado a que una "fortuita/azarosa" catástrofe ocurra en cualquier momento y que no será capaz de prevenirla.

CURSO DE TRATAMIENTO	
OBJETIVOS EVALUACIÓN Y CONCEPTUALIZACIÓN CASO	PROCESO / TÉCNICAS
INICIO DE LA INTERVENCIÓN	La presencia de un TP Esquizotípico, correctamente diagnosticado y una disminución en el GAF de 30 puntos en el último año, puede considerarse un Estado Mental de Alto Riesgo de Desarrollar una Psicosis (Young et al. 2003). La evaluación de EMAR debe realizarse con una evaluación clínica de la psicopatología y una entrevista clínica estructurada: CAARMS y/o SIPS/SOPS. Una vez realizada, la intervención psicológica debe basarse en la TCC para el Eje I o Terapia Cognitiva para EMAR (French & Morrison, 2004). Si esta evoluciona bien, no se da una transición a la psicosis y puede plantearse una intervención basada en el autoconcepto. Se focalizará en las dificultades y problemas no resueltos en el área de autonomía (e.g., Fracaso) y relaciones interpersonales (e.g., desconfianza, aislamiento social e imperfección) (Addington & Tran, 2009). Enunciar los problemas de funcionamiento que presentan en el día a día
IDENTIFICACIÓN ESQUEMAS	Administrar Cuestionario de Esquemas para perfilar la visión del sí mismo y cómo puede estar involucrada en los problemas de funcionamiento en las áreas de la vida.
PATRONES DEL PASADO	Les es muy difícil abrirse y explicar sus experiencias y relaciones. Reformular con cuidado para mostrar comprensión y empatía.
ACTIVACIÓN ESQUEMAS	A veces no conviene hacer trabajo de imaginación de entrada, utilizar otras estrategias como la música, fotografías para activar los esquemas dentro de la sesión e identificar emociones y significados experienciales. Empezar por situaciones que evitan para ir venciendo las resistencias. Hacer imaginación con los ojos abiertos y mirando fijamente a un punto del despacho.
ESTRATEGIAS AFRONTAMIENTO	Definir el déficit funcional que presenta. La no adquisición de ciertas habilidades perpetúa los esquemas. Será necesario facilitar el aprendizaje de estas habilidades. Conocer las situaciones que evita, sobretodo el consumo de drogas y delimitar las estrategias de evitación emocional (Tranquilización adictiva) y si el consumo es utilizado como reforzador positivo (confianza ante una situación estresante).
CONCEPTUALIZACIÓN	Definir si el temperamento es pasivo o miedoso para delimitar el repertorio conductual. Delimitar el rol de los padres en desarrollo de los esquemas.

OBJETIVOS CAMBIO TERAPÉUTICO		PROCESO / TÉCNICAS
DESCONFIANZA/ ABUSO	Cognitivo	Reducir la "hipervigilancia" de abuso o maltrato. Enseñar el espectro de desconfianza y maltrato. Tonalidades de gris, en vez de todo o nada. Cambiar el punto de vista "acerca de los demás" como intencionadamente malos, abusivos, manipuladores o deshonestos, y "de uno mismo" como culpable del abuso o de estar indefenso. No excusar al abusador.
	Emocional	Recuperar memorias de desconfianza, humillación u abuso. Expresar rabia verbal y físicamente. Escribir cartas sobre necesidades emocionales no cubiertas. No enviar las cartas!.
	Relación Terapéutica	Ser completamente honesto y genuino con el paciente. Preguntar por la confianza e intimidad de forma regular - discutir cualquier sentimiento negativo hacia el terapeuta. Preguntar acerca de la vigilancia ("necesidad de control") en las sesiones. Si es necesario no hacer trabajo experiencial, mientras se esté construyendo la confianza.
	Conductual	Necesitaran soporte de otros profesionales en función del déficit funcional. Esto les ayudará a confiar en las personas. Aprendizaje del Manejo de emociones (rabia, disforia, ansiedad) y de Habilidades Sociales. Dar oportunidades de relación que sean confiables. Cambiar las conductas extravagantes mediante modelado de conducta
VULNERABILIDAD AL PELIGRO Y A LA ENFERMEDAD	Cognitivo	Hacer balance de pros y contras del miedo y peligros en el presente y en el pasado. Retar la percepción exagerada de daño, peligro y enfermedad.
	Emocional	Imaginación: dialogar con el/los padres "miedoso, fóbico" y "que sobreprotegía". Visualizar resultados seguros en las situaciones cotidianas
	Relación Terapéutica	Confrontar la evitación, dar calma, consolar racionalmente. Reforzar cambios y animar al cambio.
	Conductual	Construir una jerarquía de situaciones temidas. Exponerse gradualmente a estas situaciones, vencer la evitación. Manejo de la ansiedad y el miedo.

TABLA 10 - GUÍA ESQUEMATIZADA TRASTORNO HISTRIÓNICO DE LA PERSONALIDAD

Para construir esta guía se tuvieron en cuenta los aportes teóricos de Arntz y Van Genderen (2009)

PERFILES ESQUEMAS, ESTILOS AFRONTAMIENTO ESQUEMAS Y MODOS DE ESQUEMAS		
ESQUEMAS PREDOMINANTES	Abandono	Percepción de inestabilidad o poca seguridad de que se dispone de soporte y relación con los demás. Expectativa acerca de que los demás lo abandonarán.
	Privación Emocional	Expectativa de que las propias necesidades emocionales de afecto, empatía y cuidado no se encontrarán en los demás.
	Grandiosidad	La creencia de que uno es superior a los demás, que le da derecho a privilegios y derechos especiales; o no tener que limitarse por las reglas de reciprocidad que guían la interacción social habitual.
	Insuficiente Autocontrol	Dificultad persistente o negativa de emplear/o usar el suficiente autocontrol y tolerancia a la frustración para conseguir sus propios objetivos, o contener/reprimir de forma excesiva sus emociones e impulsos.
MODOS ESQUEMAS	Niño Impulsivo	Se comporta según sus deseos no nucleares o impulsos de manera egoísta o poco controlada para conseguirlos a su manera, muchas veces tiene problemas a la hora de retrasar las gratificaciones inmediatas.

CURSO DE TRATAMIENTO	
OBJETIVOS EVALUACIÓN Y CONCEPTUALIZACIÓN CASO	PROCESO / TÉCNICAS
INICIO DE LA INTERVENCIÓN	Identificar los posibles problemas, emociones y posibles indicadores de esquemas. Aceptar la exageración y la externalización de la causa de sus problemas. Estar atento a las estrategias manipuladoras de seducción para manejarlas de manera adecuada y poder ir construyendo una relación de confianza y seguridad.
IDENTIFICACIÓN ESQUEMAS	La administración del Cuestionario de Esquemas, ayuda a perfilar la visión del sí mismo del paciente y cómo esta puede estar involucrada en los problemas de funcionamiento en las áreas de la vida. Explicar el concepto de esquema y estrategias de afrontamiento.
PASADO	Activar recuerdos del pasado relacionados con carencias, no cuidado en las relaciones con los padres. Delimitar el papel de los grupos de iguales en la configuración esquemas.
ACTIVACIÓN ESQUEMAS	Ir despacio, aparecerán recuerdos con alta carga emocional. No iniciar estrategias de cambio, favorecer la aceptación de las emociones y del dolor. Es importante reencuadrar las sesiones de imaginación para favorecer los elementos de la comprensión cognitiva de cómo funcionan los esquemas.
ESTRATEGIAS AFRONTAMIENTO	Definir las principales estrategias de afrontamiento pero de manera específica valorar la búsqueda de reconocimiento y/o búsqueda del status, la Manipulación y/o Explotación, y la Retirada Psicológica.
CONCEPTUALIZACIÓN	Identificar el rol del temperamento impulsivo, ansioso y búsqueda de aprobación.

OBJETIVOS CAMBIO TERAPÉUTICO		PROCESO / TÉCNICAS
PRIVACIÓN EMOCIONAL	Cognitivo	Cambiar el sentido exagerado de que las personas actuarán o están actuando egoístamente o están actuado privando al paciente (e.g., no los quieren, no los escuchan, no los entienden, no los atienden, no los miman, no los cuidan). Enseñar grados de grises en los niveles de carencia y de cuidado emocional. Aprender y modificar expectativa de que "las necesidades emocionales no se encontrarán o no serán satisfactorias" en las relaciones de intimidad con otros.
	Emocional	Expresar cólera y dolor al padre que privó en imaginación. Preguntar en imaginación a los padres para encontrar las necesidades emocionales. Escribir cartas, expresando dolor y necesidades emocionales no cubiertas. No enviar. Trabajo "dos sillas": Esquema "privación" vs. "Adulto Sano" : Expresar necesidades emocionales no cubiertas y modelar su expresión. Tres sillas si retirada psicológica: 1 fase: "Adulto Sano" vs. "protector alejado". Pedir permiso hablar Privación. 2. "Protector Alejado" vs. "Adulto Sano" vs. "Privación"
	Relación Terapéutica	Proveer una atmósfera cuidadosa de empatía, consejo y atención. Ayudar a los pacientes a expresar los sentimientos de privación sin hiperreaccionar o guardando silencio. Ayudar al paciente a aceptar las limitaciones del terapeuta y tolerar alguna privación, mientras aprecian el cuidado que obtienen. Unir las relaciones con las memorias de recuerdos tempranas (infancia).
	Conductual	Elegir parejas que los cuiden. Preguntar de forma adecuada a las parejas para tener las necesidades emocionales cubiertas. No hiperreaccionar a los niveles de privación con cólera. No alejarse o aislarse cuando los demás los hieran.
GRANDIOSIDAD	Cognitivo	Retar el punto de vista de ser especial, con derechos especiales. Estimular la empatía hacia los demás -principio de reciprocidad. Señalar las consecuencias negativas de la grandiosidad.
	Emocional	Acceder a la cara vulnerable: los esquemas subyacentes.
	Relación Terapéutica	Parar de actuar de forma grandiosa balancear las propias necesidades con las de los demás: "Seguir las reglas".
	Conductual	Confrontar la grandiosidad, "ser especial"- poner límites. Dar soporte a la vulnerabilidad. No dar soporte al estatus, poder, etc.

TABLA 11 - GUÍA ESQUEMATIZADA TRASTORNO ANTISOCIAL DE LA PERSONALIDAD

Para construir esta guía se tuvieron en cuenta las investigaciones de Loper (2003) y los aportes teóricos de Arntz y Van Genderen (2009)

PERFILES ESQUEMAS, ESTILOS AFRONTAMIENTO ESQUEMAS Y MODOS DE ESQUEMAS		
ESQUEMAS PREDOMINANTES	Desconfianza	La expectativa que los otros le herirán, abusarán, humillarán, burlarán, mentirán, manipularán, aprovecharán
	Abandono	Percepción de inestabilidad o poca seguridad de que se dispone de soporte y relación con los demás. Incluye la expectativa acerca de que los demás irremediablemente les abandonarán.
	Privación Emocional	La expectativa de que las propias necesidades emocionales de afecto, empatía y cuidado no se encontrarán en los demás.
	Grandiosidad	Creencia de que uno es superior a los demás, que le da derecho a privilegios y derechos especiales; o no tener que limitarse por las reglas de reciprocidad que guían la interacción social habitual.
	Insuficiente Autocontrol	Dificultad persistente o negativa de usar el suficiente autocontrol y tolerancia a la frustración para conseguir sus propios objetivos, o contener/reprimir de forma excesiva sus emociones e impulsos.
MODOS ESQUEMAS	Excesiva Compensación	Se siente y se comporta de manera desmesuradamente especial, agresiva, dominante, competitiva, arrogante, condescendiente, devalúa a los demás, hipercontrolado, controlador, rebelde, manipulador, explotador, búsqueda de atención o de la posición social.
	Padre Castigador	Siente que uno mismo o los demás merecen el castigo o la culpa y a menudo actúa según estos sentimientos culpando, castigado o abusando hacía uno mismo (e.g., autolesiones). Este estado de ánimo se refiere al estilo en que las reglas fueron aplicadas, y no tanto a la naturaleza de las reglas.

CURSO DE TRATAMIENTO	
OBJETIVOS LUACIÓN Y CONCEPTUALIZACIÓN CASO	PROCESO / TÉCNICAS
INICIO DE LA INTERVENCIÓN	Es difícil que acepten terapia psicológica. Es más factible en contextos de tipo judicial que sea factible realizar algún tipo de aproximación o si están deprimidos. Estar preparados para responder a la manipulación, mentiras, la transgresión de los límites.
IDENTIFICACIÓN ESQUEMAS	En la administración del Cuestionario de Esquemas, tienden a mentir y a magnificar y minimizar la información. Ir con cautela en su interpretación.
PATRONES DEL PASADO	Es muy difícil que expresen su historia experiencial. Emocionalmente no sintónicos.
ACTIVACIÓN ESQUEMAS	Inicialmente puede ser factible no hacer activación esquemas. Es necesaria una sólida confianza. Estar preparados para emociones intensas de rabia y cólera.
ESTRATEGIAS AFRONTAMIENTO	Definir principales estrategias de afrontamiento, sobretodo la sobrecompensación: Agresión u Hostilidad, Dominancia, y Manipulación o Explotación.
CONCEPTUALIZACIÓN	Identificar el rol del temperamento impulsivo y la búsqueda de sensaciones

OBJETIVOS CAMBIO TERAPÉUTICO		PROCESO / TÉCNICAS
PRIVACIÓN EMOCIONAL	Cognitivo	Cambiar el sentido exagerado de que las personas actuarán o están actuando egoístamente o están actuado al paciente (e.g., no lo quieren, no lo escuchan, no lo entienden, no lo atienden, no lo miman, no lo cuidan). Enseñar grados de grises en los niveles de carencia y de cuidado emocional. Aprender y modificar la expectativa acerca de "las necesidades emocionales no se encontrarán o no serán satisfactorias" en las relaciones de intimidad con los demás.
	Emocional	Expresar cólera y dolor al padre que privó en imaginación. Preguntar en imaginación a los padres para encontrar las necesidades emocionales. Escribir cartas para cada persona, expresando dolor y necesidades emocionales no cubiertas. No enviar. Trabajo "dos sillas": esquema "privación" vs. "Adulto Sano": Expresar necesidades emocionales no cubiertas y modelar su expresión. Tres sillas si retirada psicológica: primera fase: "Adulto Sano" vs. "protector alejado". Pedir permiso hablar Privación. Segunda fase: "Protector Alejado" vs. "Adulto Sano" vs. "Privación".
	Relación Terapéutica	Proveer una atmósfera cuidadosa- empatía, consejo y atención. Ayudar a los pacientes a expresar los sentimientos de privación sin hiperreaccionar o guardando silencio. Ayudar al paciente a aceptar las limitaciones del terapeuta y tolerar alguna privación, mientras aprecian el cuidado que obtienen. Unir las relaciones con las memorias de recuerdos tempranas (infancia).
	Conductual	Elegir parejas que les cuiden. Preguntar de forma adecuada a las parejas para tener las necesidades emocionales cubiertas. No hiperreaccionar a los niveles de privación con cólera. No alejarse o aislarse cuando los demás les hieran.
INSUFICIENTE AUTOCONTROL	Cognitivo	Enseñar a valorar gratificaciones a largo plazo versus gratificaciones a corto plazo.
	Emocional	Explorar la conexión con los esquemas (dominio separación rechazo) y el afecto a través de la imaginación.
	Relación Terapéutica	Ser firme, poner límites. Establecer un gradiente de consecuencias asociadas a saltarse límites. Empalizar con necesidades emocionales no cubiertas.
	Conductual	Enseñar autodisciplina a través de tareas estructuradas. Enseñar técnicas de autocontrol de las emociones.

TABLA 12 - GUÍA ESQUEMATIZADA TRASTORNO DE LA PERSONALIDAD LÍMITE

Para construir esta guía se tuvieron en cuenta los aportes teóricos de Arntz y Van Genderen (2009), Tineo y Young (2006) Tineo,Alén, Chajét, Chajét & Sá (2006)

PERFILES MODOS DE ESQUEMAS	
NIÑO VULNERABLE	Se siente solo, débil, solitario, triste, no comprendido, no apoyado, imperfecto, necesitado o privado emocionalmente, abrumado o agobiado, incompetente, duda de sí mismo, necesitado, incapaz o indefenso, desesperado, miedoso, angustiado, preocupado, toman represalias en contra, inútil, no querido, antipático, perdido, sin dirección, frágil, frustrado, oprimido, impotente o ineficaz, ausente, excluido o pesimista.
PROTECTOR AISLADO	Corta, aísla o cerca las necesidades y los sentimientos, se separa emocionalmente de las personas y rechaza su ayuda, se siente reservado o introvertido, alejado, distraído, desconcertado o separado, despersonalizado, vacío o aburrido, sigue distrayéndose, se autotranquiliza o se auto- estimula en actividades ya sea de manera compulsiva o en exceso. Puede adoptar una postura cínica, reservada o pesimista para evitar invertir en personas o actividades
NIÑO ENFADADO	Se siente intensamente enfadado, enrabiado o enfurecido, furioso, frustrado, impaciente porqué las necesidades emocionales (o físicas) nucleares del niño vulnerable no se satisfacen.
PADRE CASTIGADOR	Siente que uno mismo o los demás merecen el castigo o la culpa y a menudo actúa según estos sentimientos culpando, castigado o abusando hacía uno mismo (e.g., autolesiones). Este estado de ánimo se refiere al estilo en que las reglas fueron aplicadas, y no tanto a la naturaleza de las reglas.
ADULTO SANO	Alimenta, valida y afirma al modo del niño vulnerable. Pone límites a los modos del niño enfadado e impulsivo. Promueve y apoya al modo el niño saludable. Combate y eventualmente sustituye a los modos de afrontamiento desadaptativos. Neutraliza o modera a los modos de los padres desadaptativos. Proporciona las funciones apropiadas del adulto tales como trabajar, roles de padres y relaciones con la familia, tomar responsabilidades y comprometerse. Sigue actividades de placer de los adultos tales como el sexo, los intereses intelectuales, estéticos y culturales. El mantenimiento de la salud y de las actividades atléticas.
OBJETIVOS Y ENCUADRE DEL TRATAMIENTO	
OBJETIVOS Y ENCUADRE	PROCESO / TÉCNICAS
ENCUADRE DE TRATAMIENTO	Dos sesiones terapia a la semana de 50-60 minutos el primer año. Una sesión a partir del segundo año. Un año y medio a tres años de tratamiento. Alta implicación y accesibilidad del terapeuta. Plantearse la posibilidad de contacto mediante teléfono móvil, fuera de sesión de una manera limitada (situaciones de crisis definidas) para el paciente. Necesidad de supervisión de casos y soporte a través de grupo de pares. La terapia pasará por los distintos objetivos y mantiene la filosofía de tratamiento que proponemos. Las distintas fases que se explican pueden variar del orden que proponemos en la siguiente tabla de intervención.
	Aunque mantendríamos las estrategias cognitivas, conductuales, emocionales e interpersonales para conseguir el cambio de los esquemas.
OBJETIVOS TRATAMIENTO	Ayudar al paciente a incorporar el Modo de Adulto Sano, modelado a través del terapeuta a través de: Empatizar con y proteger al Niño Abandonado Ayudar al Niño Abandonado a dar y recibir amor Luchar en contra y borrar o minimizar El Padre Castigador Reconectar el Niño Enfadado y Impulsivo para expresar las emociones y necesidades de un modo apropiado, reafirmando los derechos básicos de la infancia Tranquilizar y gradualmente reemplazar el Protector Aislado
FILOSOFÍA DE TRATAMIENTO	Ver al paciente como un niño vulnerable Realmente necesitado, no codicioso El terapeuta también tiene derechos No culpar cuando se sienta frustrado Desarrollo paralelo del niño Respeto mutuo y sinceridad
FASE PREVIA O INICIAL (6-12 SESIONES)	Estos objetivos forman parte de la intervención, son importantes pero lo más importantes es ir construyendo una adecuada relación terapéutica con el paciente Evaluación Diagnóstica y psicométrica de Trastorno Límite de la Personalidad (Arntz & Van Genderen, 2009) Explicar el Trastorno Límite de manera racional en modos de esquemas y cuáles son las fases de intervención. Dar lectura del libro de autoayuda de Reinventa tu vida. Intervención en el Eje I. Tratar la comorbilidad de adicciones, trastornos de ansiedad, depresión, etc. previamente al inicio de la Terapia de Esquemas Una vez finalizada esta fase inicial se procede al inicio de la Intervención en TE.

CONTINÚA - GUÍA ESQUEMATIZADA PARA EL TRASTORNO DE LA PERSONALIDAD LÍMITE

CURSO DEL TRATAMIENTO		
FASE INICIAL		**PROCESO / TÉCNICAS**
FASE I: VINCULACIÓN Y MANEJO DE EMOCIONES		Esta fase en muchos casos es la misma que la anterior, si el proceso diagnóstico de TLP está bien establecido y sino es necesario un tratamiento de Eje I, y puede considerarse un repaso de la primera explicación del TP Límite según el modelo.
SOCIALIZACIÓN Y CONNCEPTUALIZACIÓN		Socializar y preparar para la intervención. Empatizar con los problemas que le ocurra. Discutir los objetivos de la terapia. Preguntar por las reacciones emocionales. Hablar de la historia de la vida, incluyendo la infancia. Explicar otra vez los Modos de Esquemas
TRANQUILIZAR Y REEMPLAZAR EL PROTECTOR AISLADO	**Cognitivas**	Ayudar al paciente a reconocer las señales del Protector Aislado. Explicar el modo de desarrollo de la infancia y la empatía con su valor de adaptación. Revisión pros y los contras de separarse en el presente, como un adulto. Práctica de diálogos (con dos sillas técnica) entre Protector Aislado y Adulto Sano. Pedir permiso para poder hablar y acceder con el Niño Vulnerable
	Imaginación	Niño Vulnerable. Proceso: ¿Qué está ocurriendo? ¿Qué ves (todos los sentidos? ¿Quién está contigo? ¿Cuántos años tienes? ¿Cómo te sientes? ¿Qué necesitas? Continuar con la imaginación dependiendo de los modos de emergen en la imagen. Traiga terapeuta en imagen como Adulto Sano para demostrar las respuestas de adaptación a cada modo
CURAR AL NIÑO VULNERABLE	**Relación terapéutica**	A través de la reactuación parental limitada ayudar a curar al Niño Vulnerable Validación de las necesidades y sentimientos Cuidar y proporcionar una base estable Fomento de la confianza y de un guía. Ser capaz de elogiar los avances y los cambios. Fomentar la reciprocidad y autorevelación por parte del terapeuta
ESTRATEGIAS DE MANEJO EMOCIONAL Y APRENDIZAJE HABILIDADES	**Cognitivas**	Diario de Esquemas y Tarjeta Recordatorio
	Conductuales	Aprendizaje de estrategias de regulación emocional y de Tolerancia al Malestar emocional. Práctica de la Meditación o Conciencia Plena (Mindfulness). Entrenamiento en Asertividad. Fomentar la realización de Actividades Placenteras, ya sean de ocio y/o tiempo libre.
FASE II. CAMBIO M. ESQUEMAS		**PROCESO / TÉCNICAS**
COMBATIR EL PADRE CASTIGADOR	**Cognitivas**	Educar acerca de las necesidades universales y los sentimientos. Reatribución del rechazo de la infancia a problemas o temas de los padres. Enfatizar los éxitos y las cualidades positivas
	Emocionales	Reatribución en imaginación del Padre Castigador. Dos partes. Primera paciente como adulto. Paciente reevalúa la situación como adulto.
FASE II. CAMBIO M. ESQUEMAS		**PROCESO / TÉCNICAS**
COMBATIR EL PADRE CASTIGADOR	**Emocionales**	Segunda Paciente como niño (el paciente experimenta la intervención del adulto como niño. Recibe soporte y ayuda por parte del adulto.
		Diálogos en el Trabajo de la Silla Vacía: 2 sillas. Padre Castigador vs. Adulto Sano; Tres sillas. Protector Aislado vs. Padre Castigador vs. Adulto sano. Primero: Terapeuta como niño (experimenta perspectiva del otro en la escena) y Paciente como otra persona (situación original). Padre o Madre. Segundo, terapeuta como otra persona y paciente como niño (reevaluando la situación).
RECONECTAR EL NIÑO ENFADADO IMPULSIVO EN LA RELACIÓN TERAPÉUTICA		Poner límites cuando sea abusivo o destructivo. Ventilar las emociones. Empalizar con los esquemas subyacentes. Prueba de realidad: punto vista real vs. Punto vista exagerado. Compartir el impacto y la reacción personal ante la rabia, cólera o enfado. Practicar la conducta asertiva
PONER LÍMITES		Las dificultades en los límites : Contacto fuera de las sesiones Cambios de visitas o ausencias en las visitas Expectativas poco realistas de la relación terapéutica (comportarse "como si" fuera un padre) Conductas autodestructivas, parasuicidas y suicidas Conductas amenazantes hacia el terapeuta o "amenazas de romper objetos Proceso gradual de tres fases de graduación A. Se indica el traspaso del límite, con empatía, y centrándose en el hecho. Se pide que pare. B. Se indica traspaso del límite, con graduación sentimientos del terapeuta hacia el paciente, se anuncia consecuencia. C. Se indica traspaso del límite, con graduación sentimientos del terapeuta hacia el paciente, se aplica consecuencia.
MANEJO DE CRISIS		Cuando se dan las crisis es un buen momento para realizar estrategias de cambio de esquemas, ya que el modo protector aislado no está presente y las emociones aparecen. Es necesario establecer límites que el paciente debe seguir las instrucciones del terapeuta ante las crisis suicidas, o la terapia deberá terminar Ante una crisis: incrementar la frecuencia de contacto, permitir llamadas telefónicas. Identificar el modo de esquemas que se activa. Proporcionar estrategias para manejar los esquemas en cada Modo. Evaluar los pensamientos e ideación suicida en cada contacto. No descartar estrategias como medicación, tratamiento grupal, contacto con personas significativas. Si es necesario, ir a urgencias o a hospitalización parcial.
FASE III. AUTONOMÍA		Desarrollar relaciones saludables. Proceso de individuación: Seguir las inclinaciones naturales, realizar el proyecto vital que se ajuste a sus necesidades. Terminar la terapia de manera progresiva y Mantener contactos después de terminar la intervención

TABLA 13 - GUÍA ESQUEMATIZADA TRASTORNO DE LA PERSONALIDAD NARCISISTA

PERFILES DE ESQUEMAS Y MODOS DE ESQUEMAS		
ESQUEMAS PREDO-MINANTES	Privación Emocional	La expectativa de que el propio deseo de tener un grado normal de soporte emocional no será satisfecho de modo adecuado en los demás.
	Imperfección	Sentimiento de que es defectuoso, malo, no querido, inferior o inválido en aspectos importantes; o que sería no querido por los demás si se muestra tal como es.
	Grandiosidad	La creencia de que uno es superior a los demás, que le da derecho a privilegios y derechos especiales; o no tener que limitarse por las reglas de reciprocidad que guían la interacción social habitual.
	Otros Esquemas	Búsqueda de Aprobación, Adicciones y búsqueda estimulación (Estrategias evitación) Metas inalcanzables. Subyugación, Desconfianza
MODOS ESQUEMAS	Niño Solitario	Se sienten niños solitarios, valorados cuando son ensalzados por sus padres. No se sienten queridos y adorables. Se sienten vacíos. Es el modo vulnerable que encontramos en los pacientes narcisistas, no se sienten especiales, sino como "la media, como los demás", que significa rechazo y que son socialmente inaceptables. Se activa por la pérdida de validación, posición y estatus.
	Exaltación de uno mismo	Excesiva sobre- compensación al sentirse especial, importante, competitivo, buscando atención y estatus. Se siente superior, crítico con los demás, sin mostrar ninguna empatía, envidioso. Estilos de afrontamiento agresión y hostilidad, dominancia, búsqueda de reconocimiento, y manipulación o explotación. Es el modo por defecto.
	La Autotranquilización al Aislarse	Manifiesta intereses solitarios, conductas compulsivas, se distrae etc. Serían formas de evitación de los esquemas. Este modo ayuda a cortar las emociones que surgen cuando esta solo o en ausencia de fuentes de validación. Evitaría la activación del niño solitario, y sentir las emociones dolorosas de este modo.
	Adulto Sano	Alimenta, valida y afirma al modo del niño vulnerable. Pone límites a los modos del niño enfadado e impulsivo. Promueve y apoya al modo el niño saludable. Combate y eventualmente sustituye a los modos de afrontamiento desadaptativos. Neutraliza o modera los modos de los padres desadaptativos. Proporciona funciones apropiadas del adulto como trabajar, roles de padres y relaciones con la familia, tomar responsabilidades y comprometerse. Sigue actividades de placer de los adultos como el sexo, intereses intelectuales, estéticos y culturales. El mantenimiento de la salud y las actividades atléticas.

OBJETIVOS Y ENCUADRE DEL TRATAMIENTO	
OBJETIVOS	PROCESO / TÉCNICAS
EVALUACIÓN	Observar las conductas del paciente en las sesiones. Delimitar los problemas actuales y de su historia (rechazo o represalias por parte de los demás, vacío, respuestas al fracaso, la necesidad de validación, culpabilizar a los demás). No utilizar estrategias de evaluación si hay recuerdos de privación, soledad o devaluación. En los Cuestionarios de Esquemas, tienden a puntuar muy bajo en Grandiosidad y Metas Inalcanzables, y alto en el Cuestionario de Esquemas de Compensación.
FILOSOFÍA DE TRATAMIENTO	Aumentar progresivamente la vulnerabilidad y al mismo tiempo utilizar menos las estrategias de compensación y la evitación. Enfocado a las relaciones con los demás y a la relación terapéutica.
OBJETIVOS TRATAMIENTO	Crear un Adulto Sano que sea capaz de cuidar al Niño Solitario y pueda cuidar a los demás. Confrontar al Modo "Exaltación de uno mismo". Ayudar a dejar y superar la necesidad de aprobación y validación por parte de los demás, de la misma manera que el Niño Solitario permite un cuidado más genuino. Ayuda cuando está en el modo "Tranquilización al Aislarse" a dejar las conductas podo adaptativas a favor de un verdadero cuidado.
PRINCIPALES ESTRATEGIAS	6. Establece y lista sus actuales quejas como elemento para comenzar las intervenciones. 6. Cuidadosamente y con tacto confronta el estilo condescendiente o retador 6. Límites y derechos: No dejes pasar de largo cuando no respete tus derechos como terapeuta. Hazlo con mucho tacto, centrado en la conducta específica o el hecho. 6. Muestra tu propia vulnerabilidad 6. Con delicadeza introduce el concepto de Niño Solitario 6. Refuerza la vulnerabilidad mientras alejas al Modo "Exaltación de uno mismo" y "AutoTranquilización al Aislarse" 6. Explora los orígenes de los modos en imaginación 6. Crea diálogos entre los modos (imaginación y silla vacía) 6. Une el Niño Solitaria con las actuales relaciones íntimas 6. Generaliza cambios que ocurren en la sesión. Introducir técnicas modificación estilo de vida.
TÉCNICAS RELACIÓN TERAPÉUTICA	Crear un ambiente donde se sienta cuidado, respetado, entendido y valorado especial. Ser capaz de empatizar con el terapeuta sin que el terapeuta tenga que ser especial o perfecto. La relación terapéutica va a ser clave para aceptar una atención sincera o de ser cuidado, confrontando la conducta de aprobación y el criticismo hacia el terapeuta sin devaluar, corregir las valoraciones hacia el terapeuta de "egoísta" o "querer controlarlo" e identificar sentimientos de soledad y vacío.
TÉCNICAS ESP. EXPERIENCIALES	Identificar sentimientos de soledad y vulnerabilidad en imaginación de escenas con los padres. Expresar la falta de cuidado, las elevadas expectativas y el criticismo. Conectar con las emociones. A nivel de modos: el Adulto sano cuida al Niño Solitario, reta a la "Exaltación de uno mismo" y minimiza a "Auto-Tranquilización al Aislarse"
TÉCNICAS ESP. COGNITIVAS	Reformular pensamiento dicotómico "Ser especial vs. Ser Ignorado". Reformular y reestructuración cognitiva de ser minusvalorado por los demás y expectativas de perfeccionismo. Enfatizar desventajas de trabajar, estatus, "pensar que es especial", "de hacer lo que uno quiere con los demás"
TÉCNICAS ESP. CONDUCTUALES	Cambiar las conductas evitativas y de tranquilización: adicciones, búsqueda estimulación. Sustituir intimidad. Reduce el tiempo dedicado al estatus, incrementando el tiempo a las relaciones con los demás. Reduce la energía de obtener cosas de los demás, aprender a dar, cuidar.
TÉCNICAS ESP. INTIMIDAD	Cambiar la tendencia a la idealización de las parejas. Énfasis en la perfección, apariencia más que en dar y recibir cuidado, cariño y soporte. Tendencia a ver la pareja como reflejo de uno mismo

TABLA 14 - GUÍA ESQUEMATIZADA TRASTORNO DE LA PERSONALIDAD POR DEPENDENCIA

Para construir esta guía se tuvieron en cuenta las investigaciones de Gude, Hoffart, Hedley y Rø Ø (2004), Simos (2002) y los aportes teóricos de Arntz y Van Genderen (2009)

PERFILES ESQUEMAS, ESTILOS AFRONTAMIENTO ESQUEMAS Y MODOS DE ESQUEMAS		
ESQUEMAS PREDOMINANTES	Dependencia	Creencia de que uno es incapaz de realizar sus responsabilidades de forma competente, sin ayuda de los demás.
	Abandono	Percepción de inestabilidad o poca seguridad de que se dispone de soporte y relación con los demás. Expectativa acerca de que los demás irremediablemente les abandonarán.
	Imperfección	Sentimiento que uno es defectuoso, malo, no querido, inferior o inválido en aspectos importantes; o que no sería querido por los demás si se muestra tal como es.
	Subyugación	Excesivamente entregado al control de los demás porque se siente cohesionado: para evitar la cólera, represalias o abandono
MODOS ESQUEMAS	Niño Vulnerable	Se siente solo, débil, triste, no comprendido, no apoyado, imperfecto, necesitado o privado emocionalmente, agobiado, incompetente, duda de sí mismo, necesitado, incapaz o indefenso, desesperado, miedoso, angustiado, preocupado,
	Rendición Sumisa	Se comporta de manera pasiva, servil, sumisa, búsqueda de la aprobación, se desprecia ante los demás, alejándose por miedo a problemas u conflictos o al rechazo
	Niño Indisciplinado	Se comporta según sus deseos no nucleares o impulsos de manera egoísta o poco controlada para conseguirlos a su manera y así muchas veces tiene problemas a la hora de retrasar las gratificaciones inmediatas o a corto plazo.

CURSO DE TRATAMIENTO		
OBJETIVOS EVALUACIÓN Y CONCEPTUALIZACIÓN CASO	PROCESO / TÉCNICAS	
INICIO DE LA INTERVENCIÓN	Delimitar los problemas de autonomía y en las relaciones y su estilo. Evitar ir deprisa y caer en la tentativa ante los problemas de la vida cotidiana de dar consejos, solucionar rápidamente sus problemas.	
PATRONES DEL PASADO	Ir con cuidado al realizar la historia de la vida. Establecer las situaciones de la infancia en las que simplemente obedecía, de la adolescencia "en las que	
PATRONES DEL PASADO	no opinaba y seguía". Delimitar las emociones, enfado, humillación, rabia y culpa. Ajustar las reformulaciones a las palabras del paciente.	
IDENTIFICACIÓN ESQUEMAS	La administración de cuestionarios ayuda a delimitar los esquemas. Es necesario ante la devolución de los esquemas que entiendan intelectualmente y emocionalmente que son el objetivo de cambio. Utilizar metáforas.	
ACTIVACIÓN ESQUEMAS	Explicar de manera clara y específica. Manifiestan miedo a experimentar emociones en sesión. Ante su vergüenza, utilizar previamente estrategias como la música, películas.	
ESTRATEGIAS AFRONTAMIEN-TO	Identificar las estrategias de evitación y de mantenimiento de los esquemas. Definir el déficit de habilidades en las relaciones sociales e intimas.	
CONCEPTUALIZACIÓN	Delimitar el tipo de temperamento: ansioso, evitativo y el papel de la introversión.	
OBJETIVOS CAMBIO TERAPÉUTICO	PROCESO / TÉCNICAS	
DEPENDENCIA	Cognitivo	Cambiar el punto de vista del paciente que se cree incapaz de funcionar en el mundo sin una constante asistencia de las otras personas. Cambiar el punto de vista del paciente de que no puede confiar en sus propias decisiones o juicios en las situaciones cotidianas.
	Emocional	Expresar cólera a los padres a través de la imaginación por la excesiva preocupación y por socavar los juicios
	Relación Terapéutica	Resistir intentos del paciente de adoptar un rol dependiente. Estimularlo en la toma de decisiones y elecciones. Elogiar el juicio y el progreso.
	Conductual	Establecer asignaciones graduadas para afrontar estas tareas cotidianas solo, sin necesidad de asistencia de los demás.
ABANDONO ABANDONO	Cognitivo	Cambiar punto de vista exagerado de que las otras personas les van a dejar, se marcharán, se apartarán de ellos o se comportarán de manera impredecible. Cambiar expectativas poco realistas de que las personas significativas deberían estar siempre disponibles y ser consistentes. Reducir el estar centrados de manera exagerada o en exclusiva de estar seguros de que sus compañeros están allí.
	Emocional	Imaginación para reexperienciar memorias del padre impredecible e inestable o del padre que murió o dejó el hogar.
	Emocional	Expresar cólera hacia el padre inestable u/o impredecible. Trabajo del "niño profundo" para ayudar al paciente a cuidar al niño abandonado.
	Relación Terapéutica	El terapeuta llega a ser fuente transicional de seguridad y estabilidad. Corrige las distorsionas acerca de la probabilidad del abandono del paciente. Ayudar al paciente a aceptar las salidas, las vacaciones y la indisponibilidad del terapeuta sin reaccionar de forma exagerada.
	Conductual	Elegir compañeros que son estables y comprometidos. No excesivos celos, cólera, etc. Gradualmente aprender a tolerar estar solo. Aprender a tolerar ambientes seguros y estables.

TABLA 15 - GUÍA ESQUEMATIZADA TRASTORNO DE LA PERSONALIDAD EVITATIVO

Para construir esta guía se tuvieron en cuenta las investigaciones de Loper (2003), Sperry (2004), Arntz (2008), Simos (2002), Jovev y Jackson (2001) y Ball y Cecero (2001)

PERFILES ESQUEMAS, ESTILOS AFRONTAMIENTO ESQUEMAS Y MODOS DE ESQUEMAS		
ESQUEMAS PREDOMINANTES	Imperfección	El sentimiento que uno es defectuoso, malo, no querido, inferior o inválido en aspectos importantes; o que uno sería no querido de forma significativa por los demás si se muestra tal como es.
	Fracaso	La creencia que uno ha fracasado, inevitablemente fallará o que fundamentalmente resulta inadecuado en relación a los grupos de iguales, en áreas de rendimiento (escuela, carrera, deportes, etc.).
	Aislamiento Social	El sentimiento de que uno está aislado del resto del mundo, diferente de los demás y no participa o forma parte de un grupo o comunidad.
	Subyugación	Excesivamente entregado o abandonado al control de los demás porque se siente cohesionado: usualmente para evitar la cólera, represalias o el abandono.
MODOS ESQUEMAS	Niño Vulnerable	Se siente solo, débil, solitario, triste, no comprendido, imperfecto, abrumado o agobiado, incompetente, duda de sí mismo, necesitado, incapaz o indefenso, desesperado, miedoso, angustiado, preocupado.
	Protector Aislado	Corta, aísla o cerca las necesidades y los sentimientos, se separa emocionalmente de las personas y rechaza su ayuda
	Rendición Sumisa	Se comporta de manera pasiva, sumisa, búsqueda de la aprobación, se desprecia ante los demás, alejándose por miedo a problemas u conflictos o al rechazo.
	Padre Castigador	Siente que uno mismo o los demás merecen el castigo o la culpa y a menudo actúa según estos sentimientos culpando, castigado.
	Niño Indisciplinado	Se comporta según sus deseos no nucleares o impulsos de manera egoísta o poco controlada para conseguirlos a su manera.

CURSO DE TRATAMIENTO		
OBJETIVOS EVALUACIÓN Y CONCEPTUALIZACIÓN CASO		PROCESO / TÉCNICAS
Inicio de la Intervención		Delimitar los problemas de autonomía y en las relaciones y su estilo. Ir a su ritmo.
Patrones del Pasado		Ir con cuidado a realizar la historia de la vida. Ajustar las reformulaciones a las palabras del paciente.
Identificación Esquemas		La administración de cuestionarios ayuda a delimitar los esquemas. Utilizar metáforas.
Activación Esquemas		Explicar de manera clara y específica. Manifiestan miedo a experimentar emociones en sesión. Si excesiva vergüenza, utilizar previamente estrategias tales como la música, películas.
Estrategias Afrontamiento		Identificar las estrategias de evitación y de mantenimiento de los esquemas.
Conceptualización		Delimitar el tipo de temperamento: ansioso, evitativo y el papel de la introversión.
OBJETIVOS CAMBIO TERAPÉUTICO		PROCESO / TÉCNICAS
IMPERFECCIÓN	Cognitivo	Cambiar el punto de vista de uno mismo como malo, no querido, imperfecto- centrarse en las ventajas, minimizar los defectos.
	Emocional	Sacar la cólera hacia los padres críticos. Dialogar con el esquema crítico.
	Relación Terapéutica	No juzgar, crear un ambiente de aceptación. Compartir la menor debilidad del terapeuta. Felicitar de forma adecuada al paciente.
	Conductual	Elegir parejas que acepten las cosas. No hiperreaccionar al criticismo. Autodescubrir más que vencer la culpa. No sobrecompensar (e.g., a través de hacer excesivo énfasis en el estatus).
FRACASO	Cognitivo	Retar el punto de vista del paciente que es inherentemente inepto, estúpido. Reatribución de fracaso a esquema de mantenimiento. Destacar los éxitos y las habilidades. Fijar expectativas realistas.
	Emocional	Acceder a las memorias de los padres, profesores, etc. críticos o de dar poco soporte. También a las comparaciones con los hermanos, o expectativas poco realistas. Imaginación para vencer la evitación ante situaciones de "hacer cosas" y "rendimiento".
	Relación Terapéutica	Apoyar el éxito. Fijar expectativas realistas. Dar estructura, límites.
	Conductual	Graduar tareas para llevar a cabo nuevos retos. Fijar límites, crear estructuras para vencer la demora y enseñar autodisciplina.
SUBYUGACIÓN	Cognitivo	Retar las exageradas consecuencias negativas de expresar las necesidades (e.g., castigo, represalias, abandono).
	Emocional	Expresar cólera y afirmar los derechos al padre controlador a través de la imaginación.
	Relación Terapéutica	No controlar en exceso. Estimular al paciente a tomar decisiones. Señalar la conducta respetuosa- identificando la cólera.
	Conductual	Seleccionar compañeros que no sean controladores. Gradualmente hacer valer o afirmar las "propias" necesidades ante los demás. Aprender las inclinaciones naturales y actuar según ellas.

TABLA 16 - GUÍA ESQUEMATIZADA TRASTORNO DE LA PERSONALIDAD OBSESIVO-COMPULSIVO

Para construir esta guía se tuvieron en cuenta las investigaciones de Sperry (2004), Arntz (2008) y Jovev y Jackson (2001)

PERFILES ESQUEMAS, ESTILOS AFRONTAMIENTO ESQUEMAS Y MODOS DE ESQUEMAS		
ESQUEMAS PREDOMINANTES	Metas Inalcanzables	La creencia profunda que uno debe esforzarse por encontrar unos estándares internos de conducta y rendimientos muy elevados, normalmente para evitar las críticas.
	Inhibición emocional	Excesiva inhibición de la acción espontánea, sentimientos o comunicación, para crear un sentimiento de seguridad y pronóstico; o para evitar cometer errores, la desaprobación de los demás, catástrofe y caos o la pérdida de control de los propios impulsos.
MODOS ESQUEMAS	Padre Exigente	Siente que el camino "correcto" es ser perfecto o rendir a un alto nivel, para mantenerlo todo en orden, se esfuerza por obtener un elevado estatus, de anteponer sus necesidades a las de los demás, de ser humillante o de ser eficiente o evitar perder el tiempo. La persona siente que es erróneo expresar los sentimientos o actuar de forma espontánea. Este estado de ánimo se refiere a la naturaleza de las normas estrictas y de las metas elevadas internalizadas, más que al estilo con el que se aprenden o se aplican; estas reglas no son compensatorias en su función.
	Protector Aislado	Corta, aísla o cerca las necesidades y los sentimientos, se separa emocionalmente de las personas y rechaza su ayuda, se siente reservado o introvertido, alejado, distraído, desconcertado o separado, despersonalizado, vacío o aburrido, sigue distrayéndose, se autotranquiliza o se auto estimula en actividades ya sea de manera compulsiva o en exceso. Puede adoptar una postura cínica, reservada o pesimista para evitar invertir en personas o actividades

CURSO DE TRATAMIENTO	
OBJETIVOS EVALUACIÓN Y CONCEPTUALIZACIÓN CASO	PROCESO / TÉCNICAS
Inicio de la Intervención	Permitir su ritmo lento de explicación, no ser demasiado invasivo y no querer correr. Ser paciente, ayudar a identificar problemas y posibles esquemas les gusta porque tiene un componente racional e intelectual. En algunos casos existen dificultades de etiquetaje de las emociones.
Patrones del Pasado	Algunas veces son muy prolijos en los detalles y en la manera de explicar las cosas. Presentan dificultades en explicar el impacto emocional de las experiencias de vida.
Identificación Esquemas	En el Cuestionario de Esquemas, en algunos casos como personas muy ansiosas o con elevada inhibición emocional, se obtienen puntuaciones bajas en esquemas de autonomía. Utilización de metáforas y los propios nombres para denominar los esquemas
Activación Esquemas	Explicar de manera clara y específica. Manifiestan miedo a experimentar emociones en sesión. Si excesiva inhibición de las emociones, utilizar previamente estrategias tales como la música, películas.
Estrategias Afrontamiento	Definir las estrategias de mantenimiento y evitación de los esquemas es de clave. Es importante repasar las estrategias que utilizan para que observen que son conductas guiadas por el esquema, y no sólo una conducta de su repertorio conductual
Conceptualización	Esclarecer el tipo de temperamento y de estilo emocional.

OBJETIVOS CAMBIO TERAPÉUTICO		PROCESO / TÉCNICAS
METAS INALCANZABLES	Cognitivo	Reducir las metas y los estándares irrealistas- utilizar el análisis de los costes/beneficios Destacar las ventajas e inconvenientes de las metas tan elevadas, de los objetivos y estándares inalcanzables: salud, pareja, familia, felicidad, etc. Reducir el riesgo percibido de hacerlo mal, de "no ser" perfecto.
	Emocional	Imaginación: Dialogar con los padres por las altas expectativas. Desahogar la rabia y la culpa por no estar a la altura de las expectativas Silla vacía: diálogos entre metas inalcanzables y adulto sano para encontrar un balance de expectativas a nivel emocional.
	Relación Terapéutica	Modelar metas, objetivos y estándares de conducta más equilibrados, tanto en la terapia como en la propia vida.
	Conductual	De forma gradual reducir las exigencias, los objetivos no realistas
INHIBICIÓN EMOCIONAL	Cognitivo	Destacar las ventajas de mostrar las emociones. Minimizar las consecuencias temidas de actuar emocionalmente e impulsivamente.
	Emocional	Acceder y expresar las emociones desconocidas en imaginación: cólera, agresión, sexo, alegría, etc. Dialogar con el padre inhibido.
	Relación Terapéutica	Modelar y estimular más la expresión de afecto y la espontaneidad.
	Conductual	Discutir y expresar más los sentimientos. Ser más espontáneo. Hacer actividades como: bailar, sexo, etc. Utilizar tareas graduadas y no controlar tanto.

TABLA 17 - GUÍA ESQUEMATIZADA TRASTORNO DE LA PERSONALIDAD PASIVO-AGRESIVO

Para construir esta guía se tuvieron en cuenta las investigaciones de Sperry (2004) y Arntz (2008)

PERFILES ESQUEMAS		
ESQUEMAS PREDOMINANTES	Fracaso	La creencia que uno ha fracasado, inevitablemente fallará o que fundamentalmente resulta inadecuado en relación a los grupos de iguales, en áreas de rendimiento (escuela, carrera, etc.).
	Desconfianza	La expectativa que los otros le herirán, abusarán, humillarán, burlarán, mentirán, manipularán, aprovecharán.
CURSO DE TRATAMIENTO		
OBJETIVOS EVALUACIÓN Y CONCEPTUALIZACIÓN CASO		**PROCESO / TÉCNICAS**
INICIO DE LA INTERVENCIÓN		Ser paciente, la estrategia de unir problemas, emociones y la posible identificación de los esquemas puede facilitar hablar de los demás.
PATRONES DEL PASADO		No muestran dificultades en explicar la experiencia del pasado. No obstante, cuando se hacen señalamientos, resúmenes y reformulaciones de la experiencia donde se subraye o enfatice la tendencia a "externalizar la culpa y las responsabilidades a los demás" pueden mostrarse enfadados y ser considerado una prueba de desconfianza ante el terapeuta.
IDENTIFICACIÓN ESQUEMAS		En el Cuestionario de Esquemas, en algunos casos como personas muy ansiosas o con elevada inhibición emocional, se obtienen puntuaciones bajas en esquemas de autonomía. Utilización de metáforas y los propios nombres para denominar los esquemas
ACTIVACIÓN ESQUEMAS		Explicar de manera clara y específica. Manifiestan miedo a experimentar emociones en sesión, sobretodo rabia. Si existen emociones intensas de rabia y culpa, utilizar previamente estrategias tales como la música, lectura de libros, ver películas.
ESTRATEGIAS AFRONTAMIENTO		Definir el estilo principal de Sobre-compensación. Detallar de manera específica en que área de la vida utiliza la Manipulación o Explotación (Encuentra o satisface las necesidades a través de la manipulación encubierta de los demás, de manera seductora, o deshonestamente), Pasivo-agresivo y/o Rebelión (Se comporta forma abierta complaciente mientras castiga a los demás o se rebela de forma encubierta demorándose, burlándose, retardándose, complaciendo, rebelándose, dejar de hacer) y Agresión, Hostilidad (Contraataca del siguiente modo: desafiando, abusando, culpando, atacando o criticando a los demás)
CONCEPTUALIZACIÓN		Esclarecer el papel del temperamento. Dos variables, el balance entre impulsividad y la susceptibilidad al castigo (inhibición de la conducta ante estímulos amenazantes) nos dará pistas sobre la probabilidad de perder el control de la conducta. También hay que detallar antídotos antes iniciar la fase de cambio para cada una de las estrategias de sobrecompensación en la relación terapéutica. Establecer los límites de la relación terapéutica antes del inicio de la intervención.
OBJETIVOS CAMBIO TERAPÉUTICO		**PROCESO / TÉCNICAS**
FRACASO	Cognitivo	Retar el punto de vista del paciente que es inherentemente inepto, estúpido. Reatribución de fracaso a esquema de mantenimiento. Destacar los éxitos y las habilidades. Fijar expectativas realistas.
	Emocional	Acceder a las memorias de los padres, profesores, etc. críticos o de dar poco soporte. También las comparaciones con los hermanos, o expectativas poco realistas. Imaginación para vencer la evitación ante situaciones de "hacer cosas" y "rendimiento".
	Relación Terapéutica	Apoyar el éxito. Fijar expectativas realistas. Dar estructura, límites.
	Conductual	Graduar tareas para llevar a cabo nuevos retos. Fijar límites, crear estructuras para vencer la demora y enseñar autodisciplina.
DESCONFIANZA ABUSO	Cognitivo	Reducir la "hipervigilancia" de abuso o maltrato. Enseñar el espectro de desconfianza y maltrato. Tonalidades de gris, en vez de todo o nada. Cambiar el exagerado punto de vista "acerca de los demás" como intencionadamente malos, abusivos, manipuladores o deshonestos, y "de uno mismo" como culpable del abuso o de estar indefenso ante el abuso. No excusar al abusador.
	Emocional	Recuperar memorias de desconfianza, humillación u abuso. Expresar rabia verbalmente y físicamente, en imaginación. Escribir cartas necesidades emocionales no cubiertas. No enviar las cartas!
	Relación Terapéutica	Ser completamente honesto y genuino con el paciente. Preguntar por la confianza e intimidad de forma regular - discutir cualquier sentimiento negativo hacia el terapeuta. Preguntar acerca de la vigilancia ("necesidad de control") en las sesiones. Si es necesario no hacer trabajo experiencial, mientras se esté construyendo la confianza.
DESCONFIANZA ABUSO	Conductual	Necesitarán soporte de otros profesionales, en función del déficit funcional. Esto les ayudará a confiar en las personas. Aprendizaje del Manejo de emociones (rabia, disforia, ansiedad) y de Habilidades Sociales. Dar oportunidades de relación (amistad, pareja) que son confiables. Cambiar las conductas extravagantes, mediante modelado de conducta.

TABLA 18 - GUÍA ESQUEMATIZADA TRASTORNO DE LA PERSONALIDAD DEPRESIVO

Para construir esta guía se tuvieron en cuenta las investigaciones de Arntz y Van Genderen (2009), Ball y Cecero (2001) y Arntz (2008)

PERFILES ESQUEMAS, ESTILOS AFRONTAMIENTO ESQUEMAS Y MODOS DE ESQUEMAS		
ESQUEMAS PREDOMINANTES	Desconfianza	Expectativa que los otros le herirán, abusarán, humillarán, burlarán, mentirán, manipularán, aprovecharán
	Aislamiento Social	El sentimiento de que está aislado del resto del mundo, diferente de los demás y no forma parte de un grupo.
	Imperfección	Sentimiento de que es defectuoso, malo, no querido, inferior o inválido en aspectos importantes; o que uno sería no querido de forma significativa por los demás si se muestra tal como es
	Fracaso	La creencia que uno ha fracasado, inevitablemente fallará o que fundamentalmente resulta inadecuado en relación a los grupos de iguales, en áreas de rendimiento (escuela, carrera, etc.).
	Vulnerabilidad al peligro	Miedo exagerado a que una "fortuita/azarosa" catástrofe podría ocurrir en cualquier momento y que no será capaz de prevenirla.
	Subyugación	Excesivamente entregado al control de los demás porque se siente cohesionado: usualmente para evitar represalias o abandono.
CURSO DE TRATAMIENTO		
OBJETIVOS CONCEPTUALIZACIÓN		PROCESO / TÉCNICAS
INICIO DE LA INTERVENCIÓN		Delimitar problemas de autonomía y en las relaciones. Empatizar con el estado de ánimo e identificar los desencadenantes y los contextos donde se producen.
PATRONES DEL PASADO		Delimitar situaciones donde se daban las emociones de tristeza, estado de ánimo bajo, enfado, humillación, rabia y culpa. Identificar posibles modelos de conducta (pasado) Ajustar las reformulaciones a las palabras del paciente.
IDENTIFICACIÓN ESQUEMAS		Administración de cuestionarios para delimitar los esquemas. Si el ánimo está triste habrá mayores puntuaciones en algunos esquemas de la dimensión separación rechazo. Utilizar metáforas en la devolución.
ACTIVACIÓN ESQUEMAS		Explicar de manera clara. Manifiestan miedo a experimentar emociones en sesión. Ante excesivo pesimismo dejar para más adelante la imaginación.
ESTRATEGIAS AFRONTAMIENTO		Identificar las estrategias de evitación y de mantenimiento de los esquemas. Definir el déficit de habilidades en las relaciones sociales e intimas.
CONCEPTUALIZACIÓN		Delimitar el tipo de temperamento, y como se da labilidad emocional.
DESCONFIANZA ABUSO	Cognitivo	Cambiar el punto de vista "acerca de los demás" como intencionadamente malos, abusivos, manipuladores o deshonestos, y "de uno mismo" como culpable del abuso o de estar indefenso ante el abuso. No excusar al abusador.
	Emocional	Recuperar memorias de desconfianza, humillación o abuso. Expresar rabia verbalmente y físicamente, en imaginación. Escribir cartas necesidades emocionales no cubiertas. No enviar las cartas.
	Relación Terapéutica	Ser honesto y genuino con el paciente. Preguntar por la confianza, intimidad y vigilancia de forma regular, discutir cualquier sentimiento negativo hacia el terapeuta. Si es necesario no hacer, en principio, trabajo experiencial.
	Conductual	Aprendizaje del Manejo de emociones (rabia, disforia, ansiedad) y de Habilidades Sociales. Dar oportunidades de relación (amistad, pareja) que son confiables.
AISLAMIENTO SOCIAL	Cognitivo	Cambiar punto de vista de que es indeseable socialmente. Cambiar el exagerado punto de vista negativo respecto a la apariencia y las habilidades sociales.
	Emocional	Imaginación de memorias de ser diferente a los demás, rechazo, o aislamiento. Ventilar emociones negativas hacia el grupo. Recuperar recuerdos donde se sentía aceptado y había contacto social para reforzar cambio.
	Relación Terapéutica	Estar atento a las situaciones dentro de la sesión en las que el paciente se pueda sentir diferente, inferior o abrumado por la energía del terapeuta. Enfatizar los atributos sociales positivos y confrontar la evitación de las situaciones sociales.
	Conductual	Vencer la evitación: Listar las situaciones temidas y que se evitan. Aprendizaje de Habilidades que faciliten la Competencia Social. Valorar Terapia Grupo.
FRACASO	Cognitivo	Retar el punto de vista del paciente que es inherentemente inepto, estúpido. Reatribución de fracaso a esquema de mantenimiento. Destacar éxitos y habilidades. Fijar expectativas realistas.
	Emocional	Acceder a las memorias de los padres, profesores, etc. críticos o de dar poco soporte. También las comparaciones con los hermanos o expectativas poco realistas. Imaginación para vencer la evitación ante situaciones de "hacer cosas" y "rendimiento".
	Relación Terapéutica	Apoyar el éxito. Dar estructura, límites. Fijar expectativas realistas.
	Conductual	Graduar tareas para llevar a cabo nuevos retos. Fijar límites, crear estructuras para vencer la demora y enseñar autodisciplina.

(viene de la página anterior)

CURSO DE TRATAMIENTO		
OBJETIVOS CONCEPTUALIZACIÓN		PROCESO / TÉCNICAS
SUBYU-GACIÓN	Cognitivo	Retar las exageradas consecuencias negativas de expresar las necesidades
	Emocional	Expresar cólera y afirmar derechos al padre controlador por imaginación.
	Relación Terapéutica	No controlar en exceso. Estimular al paciente a tomar decisiones. Señalar la conducta respetuosa- identificando la cólera.
	Conductual	Seleccionar compañeros no controladores. Gradualmente hacer valer o afirmar las "propias" necesidades ante los demás. Aprender las inclinaciones naturales y actuar según ellas.

5. CONCLUSIONES

En síntesis, son muchas las razones por las que son dificultosos los abordajes psicológicos para los Trastornos de la personalidad. La dificultad de protocololarización es sólo una de ellas. Los aportes de Young, Klosko y Wheishar constituyen sin duda una propuesta teórica, con desarrollo de tecnología -tanto para la evaluación como para la intervención-para la praxis clínica con este tipo de pacientes.

La Terapia de esquemas es un tratamiento que partiendo de una conceptualización de caso brinda el sustento para determinar objetivos realistas y dispone de un bagaje de intervenciones para alcanzarlos. En este sentido las 'Guías esquematizadas para profesionales' están diseñadas para facilitar la tarea de terapeuta y constituyen un humilde aporte para facilitar la aplicación de la misma.

Es importante aclarar que tanto los trabajos de Tineo y Young (2006) y Tineo, Alén, Chajét, Chajét y Sá (2006); como los de Cid y Torrubia (2003), Cid (2009) y Cid, Tejero y Torrubia (1997) son un gran aporte a la difusión y desarrollo de la Terapia de esquemas en lengua hispana y nos apoyamos en ellos para la realización de esta propuesta.

6. REFERENCIAS DEL CAPÍTULO

Addington, J. & Tran, L. (2009). Using the Brief Core Schema Scales with Individuals at Clinical High Risk of Psychosis. *Behavioral and Cognitive Therapy*. 37,(2),227-231.

Alford, B. & Beck, A.T. (1997). *The Integrative Power of Cognitive Therapy*. New York: Guilford Press.

American Psychiatric Association (2002). *DSM-IV-TR: manual diagnóstico y estadístico de los trastornos mentales* (4° edición revisada). Barcelona: Masson.

Arntz, A. & van Genderen, H. (2009). *Schema Therapy of Borderline Personality Disorder*. Chichester: Wiley.

Arntz, A. (2008). Schema-focused therapy for borderline personality disorder: effectiveness and cost-effectiveness, evidence from a multicenter trial. *European Psychiatry*, 23,(2),65-66.

Ball, S.A. & Cecero, J.J. (2001). Addicted patients with personality disorders: Traits, schemas, and presenting problems. *Journal of Personality Disorders*, 15,(1),72-83.

Baranoff, J., Oei, T., Seong, H.C. & Seok-Man, K. (2006). Factor structura and internal consistency of the Young Schema Questionnaire (Short Form) in Korean and Ausltralian samples. *ISAD*, 93,(1),133-140.

Beck, A.T. (1996). Beyond belief: A theory of modes, personality, and psychopathology. En P. Salkovskis (Ed). *Frontiers of Cognitive Therapy* (pp. 1-25). New York: Guilford Press.

Beck, A.T., Freeman, A., Davis, D.D. y otros (2005). *Terapia cognitiva de los trastornos de personalidad*. Buenos Aires: Paidós Ibérica.

Behary, W.T. (2008). *Disarming the narcissist: surviving & thriving with the self-absorbed*. Oakland, CA: New Harbinger Publications.

Bernstein, D.P. (2002). Cognitive therapy of Personality Disorders in Patients with histories of Emocional Abuse or Neglect. *Psychiatric Annals*, 32,(10),618-628.

Blatner, A. & Blatner, A. (1988). *Foundations of Psychodrama. History, Theory, & Practice*. (3° edición). New York: Springer Publishing Company.

Blatner, A. (1996). *Acting-in. Practical Applications of Psychodramatic Methods*. (3° edición). New York: Springer Publishig Company.

Cid J. & Torrubia R. (2003). What are the clinical meaning and implications for treatment of the schemas assessment using the Schema Questionnaire? *Revue Francophone de clinique comportementale et cognitive*, 8,(1),15-25.

Cid, J. (2009). La Terapia de Esquemas. En: L. Fernández de la Cruz L, M.A. Fullana & O. Andión. *Actualizaciones de la Societat Catalana de Recerca i Teràpia del Comportament.*

Cid, J., Tejero, A., & Torrubia, R. (1997). *Adaptación española del Cuestionario de Esquemas de Young (Spanish version of the Young Schema Questionnaire). Manuscrito no publicado.*

French, P. & Morrison, A.P. (2004). *Early Detection and Cognitive Therapy for People at High Risk of Developing Psychosis: A Treatment approach.* New York: John Wiley.

Giesen-Bloo J., van Dyck R., Spinhoven P., van Tilburg W., Dirksen C., van Asselt T., Kremers I., Nadort M., & Arntz A. (2006). One-Year Follow-up of Schema focused therapy and Transference focused psychotherapy for BPD, and the infl uence of drop-out status, treatment status and medication. Crossing Borders: Theory, *Assessment and Treatment in Borderline Personality Disorder*, 127-142.

Giesen-Bloo J., van Dyck R., Spinhoven P., van Tilburg W., Dirksen C., van Asselt T., Kremers I., Nadort M. & Arntz A. (2006). Outpatient psychotherapy for borderline personality disorder: randomized trial of schema-focused therapy vs transference-focused psychotherapy. *Arch Gen Psychiatry*, 63,(9),649-658.

Gouveia, V.V., Chaves, S.S.S., Oliveira, I P., Dias, M.R., Gouveia, R.S.V., & Andrade, P.R. (2003). A utilização do QSG-12 na po-pulação geral: Estudo de sua validade de construto. *Psicologia: Teoria e Pesquisa*, 19,(13),241-248.

Gude, T., Hoffart, A., Hedley, L., & Rø, Ø. (2004). The dimensionality of dependent personality disorder. *Journal of Personality Disorders*, 18,(6),604-610.

Kepner, J. (1987). *Proceso corporal: Un enfoque Gestalt para el trabajo corporal en psicoterapia.* México: El Manual Moderno.

Lapierre, A. & Aucouturier, B. (1990) *El cuerpo y el Incosnciente en Educación y Terapia.* México: Científico-Médica.

Lobbestael, J., Vreeswijk, M. F. van, & Arntz, A. (2008). An empirical test of schema mode conceptualisations in personality disorders. *Behaviour Research and Therapy*, 46,(7),854-860.

Lobbestael, J., Vreeswijk, M.F. van, & Arntz, A. (2007). Shedding light on schema modes: a clarifi cation of the mode concept and its current research status. *Netherlands Journal of Psychology*, 63,(3),69-78.

Loper, A.B. (2003). The relationship of maladaptive beliefs to personality and behavioral adjustment among incarcerated women. *Journal of Cognitive Psychotherapy*, 17,(3),253-266.

López Pell, A.F., Rondón, J.M., Cellerino, C. & Alfano, S.M. (2010). Guías esquematizadas de tratamiento de los Trastornos de la personalidad para profesionales, desde el modelo de Beck, Freeman, Davis y otros (2005). *Revista Ciencias Psicológicas, IV*,(1),97-124.

López Pell, A.F., Rondón, J.M., Alfano, S.M. & Cellerino, C. (2010). Guías esquematizadas de tratamiento de los Trastornos de la personalidad para profesionales, desde el modelo de Theodore Millon. *Revista Ciencias Psicológicas*, IV,(2), 239-271.

López Pell, A.F., Cid Colom, J., Obst Camerini, J., Rondón, J. M., Alfano, S. M. & Cellerino, C. (2011). Guías esquematizadas de tratamiento de los trastornos de personalidad para profesionales, desde el modelo de Young, Klosko y Wheishar (2003). *Revista Ciencias Psicológicas*, V,(1),83-115.

Nadort, M., Arntz, A., Smit, J.H., Giesen-Bloo, J., Eikelenboom, M., Spinhoven, P., van Asselt, T., Wending, M. & van Dyck, R. (2009). Implementation of outpatient schema therapy for borderline personality disorder with versus without crisis support by the therapist outside offi ce hours: A randomized trial. *Behaviour Research and Therapy*, 47,(11),961-973.

Nadort, M., van Dyck, R., Smit, J.H., Giesen-Bloo, J., Eikelenboom, M., Wensing, M., Spinhoven, P., Dirksen, C., Bleecke, J., van Milligen, B., van Vreeswijk, M. & Arntz, A. (2009). Three preparatory studies for promoting implementation of outpatient schema therapy for borderline personality disorder in general mental health care. *Behaviour Research and Therapy*, 47,(11), 938-945.

Obst Camerini, J. (2000) *El Psicodrama Cognitivo Conductual.* Bs. As.: CATREC.

Obst Camerini, J. (2008). *La Terapia Cognitiva. Integrada y actualizada.* Buenos Aires: CATREC.

Rijkeboer, M. M., van den Bergh, H. & van den Bout, J. (2005). Stability and discriminative power of the Young Schema-Questionnaire in a Dutch clinical versus nonclinical population. *Journal of Behavior Therapy and Experimental Psychiatry*, 36,(2),129-144.

Simos, G. (2002). *Cognitive Behavior Therapy: A Guide for the Practicing Clinician, East Sussex: Brunner- Routledge.* Philadelphia, PA: Taylor & Francis.

Sperry, L. (2006). *Cognitive behavior therapy of DSM-IV-TR personality disorders: Highly effective interventions for the most common personality disorders* (Second edition). New York: Rou-tledge.

Tineo, L. (1997). El proceso terapéutico en la terapia centrada en esquemas. En Caro, Isabel (Comp) *Manual de Psicoterapias Cognitivas.* Barcelona: Paidós.

Tineo, L. (2008). Trastorno Borderline. *Revista de la Asociación de Psicoterapia de la República Argentina,* 1,(2).

Young, J. (1990). Cognitive therapy for personality disorders: a schema -focused approach. Sarasota, Fl.: Professional Resourse Exchange, Inc.

Young, J. (1993). *The Schema Diary.* New York: Cognitive Therapy Center of New York.

Young, J. (1994a). *Cognitive Therapy for Personality Disorders: A Schema Focused Approach. (Revised Edition).* Sarasota, FL: Professional Resource Exchange.

Young, J. (1994b). *Young Parenting Inventory.* New York: Schema Therapy Institute.

Young, J. (1995). *Young Compensation Inventory*. New York: Cognitive Therapy Center of New York.

Young, J. (1999). *Cognitive therapy for personality disorders: A schema focused approach*. (3 ed.). Sarasota, FL: Professional Resource Press.

Young, J. & Ryght, J. (1994). *Young-Ryght Avoidance Inventory*. New York: Cognitive Therapy Center of New York.

Young, J., Wattenmaker, D. & Wattenmaker, R. (1996). *Schema Therapy Flashcard*. New York: Cognitive Therapy Center of New York.

Young, J. & Brown, G. (2001) *Young Schema Questionnaire*. New York: Schema Therapy Institute.

Young, J., Klosko, J. & Weishaar, M. (2003). *Schema Therapy. A Practitioner's Guide*. New York: Guilford Press.

Young, J. & Klosko, J. (2007). Terapia de esquemas. En J.M. Old-ham, A.E. Skodol y D.S. Bender (Eds), *Tratado de los trastornos de la personalidad* (pp. 289-308). Barcelona: Elsevier Masson.

Esta obra se terminó de imprimir en los talleres Gráficos
de ***Mac Tomas,*** Murguiondo 2160,
ciudad de Buenos Aires, Argentina.
En el mes de Mayo 2013